一問一答シリーズ

一問一答
・
成年年齢引下げ

法務省民事局参事官
笹井朋昭
名古屋地方裁判所豊橋支部判事補
（前法務省民事局付）
木村太郎
◉
編著

商事法務

●はしがき

　平成 30 年 6 月 13 日、第 196 回国会（平成 30 年通常国会）において、成年年齢の引下げ等を内容とする「民法の一部を改正する法律」（平成 30 年法律第 59 号）が成立し、同月 20 日、公布されました。この改正法は、民法の定める成年年齢を 20 歳から 18 歳に引き下げ、女性の婚姻開始年齢を 16 歳から 18 歳に引き上げること等を内容とするものです。

　本書は、この改正法の背景や経緯、趣旨や内容について、一問一答の形式によって解説したものです。本書の執筆は、編著者である笹井、木村のほか、法務省民事局において改正法の立案事務に関与した福崎有沙民事局付、岡田康裕係長、坂上優晟係員が分担して行い、全体の調整は編著者が行いました。

　改正法が成立するまでには、法制審議会民法成年年齢部会の部会長を務められた鎌田薫前早稲田大学総長を始め、同部会の委員・幹事の方々など、多くの方のご指導、ご協力をいただきました。また、内閣官房、内閣府、金融庁、警察庁、消費者庁、総務省、法務省民事局民事第一課、法務省刑事局、文部科学省、厚生労働省、農林水産省、経済産業省、国土交通省を始めとした関係各府省庁の担当者の方々には、改正法案の立案から国会審議に至るまで、たいへんお世話になりました。この場を借りて、心よりお礼申し上げます。

　この改正法案の立案事務や国会審議には、執筆者のほか、中辻雄一朗東京高等裁判所判事（前法務省大臣官房参事官）、山口敦士民事局参事官、神吉康二、脇村真治、吉野秀保、宇野直紀、倉重龍輔、松波卓也、秋田純及び中丸隆之の各民事局付が従事しました。本書は、これらの方々のご尽力の成果を踏まえたものです。

　もとより、本書は編著者らが個人の立場で執筆したものであり、意見にわたる部分は編著者らの個人的見解にとどまることをお断り

しておきたいと思います。

　最後に、株式会社商事法務の岩佐智樹氏、下稲葉かすみ氏は、行き届いた編集作業で本書の刊行を支えてくださいました。記して感謝の意を表します。

　平成30年12月

　　　　　　　　　　　　　　法務省民事局参事官　　笹井　朋昭
　　　名古屋地方裁判所豊橋支部判事補(前法務省民事局付)　木村　太郎

●凡　例

　本書中、法令の条文等を引用する場合に用いた略語は、次のとおりです。
改正法　　　　民法の一部を改正する法律（平成 30 年法律第 59 号）
改正法附則　　民法の一部を改正する法律附則
改正法案　　　民法の一部を改正する法律案
改正前民法　　改正法による改正前の民法（明治 29 年法律第 89 号）
改正後民法　　改正法による改正後の民法

一問一答　成年年齢引下げ
もくじ

第1章　総論

- **Q1**　改正法による民法の改正の概要は、どのようなものですか。　1
- **Q2**　改正法案は、どのような経緯で国会に提出されたのですか。　3
- **Q3**　成年年齢の引下げに関する法制審議会の答申は、どのような内容のものですか。　6
- **Q4**　成年年齢を引き下げる理由、意義はどのようなものですか。　9
- **Q5**　選挙権年齢などの参政権に関する年齢と、民法の成年年齢とは、どのような関係にあるのですか。　12
- **Q6**　改正法案の国会における審議の経過及び内容はどのようなものでしたか。　14
- **Q7**　改正法案の提出に至る過程で、どのように国民の意見を聴取してきたのですか。　17

第2章　成年年齢

第1　成年年齢の意義

- **Q8**　成年年齢の民法上の意義はどのようなものですか。　24
- **Q9**　成年年齢が20歳と定められた経緯・理由はどのようなものですか。　26
- **Q10**　諸外国における私法上の成年年齢は、どのようになっていますか。　27
- **Q11**　なぜ、17歳や19歳、高校卒業時など、他の年齢ではなく18歳に引き下げるのですか。　29
- **Q12**　成年年齢の引下げによって、どのようなことができるようになるのですか。　31
- **Q13**　成年年齢の引下げにより、18歳、19歳の方の扱いが変わることとなる民法の規定にはどのようなものがありますか。　32
- **Q14**　遺言をすることができる年齢など、成年年齢以外の年齢要件は変

更されないのですか。　35

第2　成年年齢の引下げに向けた環境整備

Q15　成年年齢の引下げに向けて、どのような環境整備が必要になると考えられますか。　36

Q16　これまでに、消費者被害の拡大を防止するために、どのような施策が実施されてきたのですか。　37

Q17　これまでに、若年者の自立を促すような施策として、どのような施策が実施されてきたのですか。　40

Q18　成年年齢の引下げに向けて、今後、どのようにして環境整備施策を実施していくのですか。　43

第3　成年年齢引下げと養育費との関係

Q19　離婚した夫婦の一方が、改正法の施行日より前に、他方に対して「子が成年に達するまで養育費として月額〇〇円を支払う」と合意をしていた場合や、改正法の施行日前に確定した審判によって養育費について同様の内容が定められていた場合に、養育費の支払期間の終期はどうなりますか。
　　　成年年齢の引下げは、養育費に関する施行日後の実務にどのような影響を与えると考えられますか。　45

第3章　婚姻開始年齢

Q20　女性の婚姻開始年齢を18歳に引き上げるのはなぜですか。　48

Q21　16歳、17歳で婚姻する女性は1年間に何人いるのですか。　50

Q22　婚姻開始年齢の歴史的経緯は、どのようなものですか。また、諸外国の婚姻開始年齢はどのようなものですか。　53

Q23　女性の婚姻開始年齢を引き上げるとしても、女性が妊娠している場合には例外的に婚姻をすることができるような制度を設ける必要はないのですか。　55

Q24　成年年齢を18歳に引き下げ、女性の婚姻開始年齢を18歳に引き上げることに伴い、未成年者の婚姻に対する父母の同意や、婚姻による成年擬制の規定は、どうなりますか。　58

第4章 養親年齢

Q25 養親年齢を20歳のまま維持することとしているのはなぜですか。 60

Q26 18歳、19歳の者は、これまでは婚姻による成年擬制により養親となることができましたが、今後は養親となることはできなくなるのですか。 62

Q27 特別養子縁組における養親年齢は変更されないのですか。 64

第5章 施行日、経過措置

Q28 改正法の施行日はいつですか。 66

Q29 成年に関する経過措置はどのようなものですか（改正法附則第2条関係）。 68

Q30 施行日前に18歳以上20歳未満の者がした法律行為は、施行日後も取り消すことができるのですか。 70

Q31 施行日前に20歳未満の者がした法律行為の取消権の消滅時効期間の起算日はいつですか。 71

Q32 婚姻に関する経過措置はどのようなものですか（改正法附則第3条関係）。 73

Q33 養子縁組に関する経過措置はどのようなものですか（改正法附則第4条関係）。 74

第6章 関係法律の整備

第1 総論

Q34 改正法による関係法律の整備の概要はどのようなものですか。 75

Q35 成年年齢の引下げに伴い、20歳から18歳に引き下げられる年齢要件にはどのようなものがありますか。 79

Q36 成年年齢の引下げにかかわらず、20歳のまま維持される年齢要件にはどのようなものがありますか。 81

Q37 飲酒・喫煙、公営競技など20歳のまま維持する法律と、各種の国

家資格に関する年齢要件など18歳に引き下げることとしている法律とは、どのような基準で振り分けたのですか。　83

第2　国籍法の一部改正

Q38　改正法では、国籍法についてどのような改正がされていますか。その趣旨はどのようなものですか（改正法附則第12条関係）。　84

Q39　国籍法の一部改正に伴う経過措置はどのようなものですか（改正法附則第13条関係）。　88

第3　性同一性障害者の性別の取扱いの特例に関する法律の一部改正

Q40　改正法により、性同一性障害者の性別の取扱いの特例に関する法律はどのように改正されていますか。その趣旨はどのようなものですか（改正法附則第15条関係）。　92

Q41　性同一性障害者の性別の取扱いの特例に関する法律の一部改正に伴う経過措置はどのようなものですか（改正法附則第17条関係）。　94

第4　罰則に関する経過措置

Q42　罰則に関する経過措置はどのようなものですか（改正法附則第25条関係）。　95

第7章　その他

Q43　成年年齢の引下げにより、成人式にはどのような影響があると考えられますか。政府は、今後の成人式の在り方についてはどのような検討を行う予定ですか。　97

巻末資料1　新旧対照表　99
巻末資料2　経過措置（改正法附則）　155
巻末資料3　参議院の附帯決議　165
巻末資料4　法制審議会総会の答申（法制審議会民法成年年齢部会の最終報告書）　168

事項索引　207

第1章 総論

Q1 改正法による民法の改正の概要は、どのようなものですか。

A 1 改正法による民法改正の主たる内容は、①同法第4条が定める成年年齢を20歳から18歳に引き下げることと、②同法第731条が定める女性の婚姻開始年齢(婚姻をすることができる最低年齢)を16歳から18歳に引き上げることです。

未成年者が法律行為をするには、その法定代理人の同意を得なければならず、これに反する法律行為は取り消すことができます(民法第5条第1項・第2項)。また、未成年者は父母の親権に服することとされています(同法第818条第1項)。したがって、民法の成年年齢を引き下げることは、確定的に有効な法律行為を単独ですることができる年齢、親権に服することがなくなる年齢が、いずれも20歳から18歳に引き下げられることを意味するといえます(**Q8**参照)。

次に、婚姻開始年齢について、改正前民法第731条は、男性は18歳、女性は16歳にならなければ婚姻をすることができないと定めています。改正法により、女性の婚姻開始年齢は18歳に引き上げられ、男女とも18歳にならなければ婚姻をすることができないこととなります。

2 このほか、改正法は、養親年齢(養親として養子縁組をすることができる最低年齢)についても、民法の改正を行っています。改正前民法第792条は、「成年に達した者」、すなわち20歳以上の者は養子をすることができると規定していましたが、改正法は、この実質

を維持することとした上で、「成年に達した者」という文言が改正法の施行後は18歳以上の者を指すことになることから、表現を改めて「20歳に達した者」は養子をすることができることとしています（Q25参照）。

3 　民法以外の法律でも、成年年齢は各種の資格を取得したり行為をしたりするための要件などとして用いられています。民法の成年年齢の引下げに合わせてこれらの年齢要件を引き下げるか否かも検討されました。その結果などを踏まえ、改正法は、民法以外に22の法律を改正しています。なお、この改正の中には、年齢要件の実質を変更する場合と維持する場合の双方が含まれています（Q34参照）。

　また、法律の改正がされなくても、年齢要件を定めるに当たって「成年」「未成年」などの文言が用いられている場合には、改正法による民法の改正によってその意味内容が変更されることになるため、年齢要件の実質が20歳から18歳に引き下げられることになります。改正はされないものの実質的に内容が変更される法律は、約130あります。

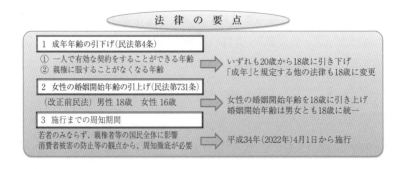

Q2 改正法案は、どのような経緯で国会に提出されたのですか。

A 1 民法の成年年齢については、平成19年5月、日本国憲法の改正手続に関する法律（平成19年法律第51号。いわゆる国民投票法）が制定されたことを契機として、本格的に議論がされるようになりました(注1)。国民投票法は、憲法改正国民投票の投票権年齢を18歳以上と定めた上で、附則で、18歳以上20歳未満の者が「国政選挙に参加することができること等となるよう」、選挙権年齢を定める公職選挙法、成年年齢を定める民法その他の法令の規定について検討を加え、必要な法制上の措置を講ずるものとすること、この措置が講ぜられるまでの間、国民投票の投票権年齢を20歳とすることなどを定めるものでした。

国民投票法附則の上記規定を受け、各府省の事務次官等を構成員とする「年齢条項の見直しに関する検討委員会」が内閣に設置され、平成19年11月、各府省において必要に応じて審議会等で審議を行い、法制上の措置について対応方針を決定することができるよう検討を進めることとされました。

2 法制審議会は、平成20年2月、法務大臣から、「若年者の精神的成熟度及び若年者の保護の在り方の観点から、民法の定める成年年齢を引き下げるべきか否か等について御意見を承りたい。」との諮問（諮問第84号）を受け、その調査審議のために民法成年年齢部会（部会長：鎌田薫早稲田大学教授（当時））を設置しました。同部会は、平成21年7月、公職選挙法が定める選挙権年齢が18歳に引き下げられることになるのであれば、18歳、19歳の者が政治に参加しているという意識を責任感をもって実感できるようにするためにも、私法の領域においても自己の判断と責任において自立した活動

をすることができるよう、民法の成年年齢を 18 歳に引き下げるのが適当であるとする「民法の成年年齢の引下げについての最終報告書」(以下「最終報告書」といいます。)を取りまとめました。この最終報告書は、同年 9 月に開催された法制審議会総会において報告されましたが、その際には、最終報告書の結論を支持する意見のほか、民法の成年年齢引下げの法整備の時期が明確ではないのではないか、国民的関心を高めるなど周知徹底に努めるべきではないか等の意見が出されたために、取りまとめに至りませんでした。その後、同年 10 月 28 日に開催された臨時総会において、「民法の成年年齢の引下げについての意見」(以下「法制審意見」といいます。)が採択され、法務大臣に対して答申がされました。法制審意見には、最終報告書が添付されています。

　法制審意見及び最終報告書においては、選挙権年齢が 18 歳に引き下げられるのであれば、民法が定める成年年齢を 18 歳に引き下げるのが適当であるとした上で、直ちに引下げを行うと、消費者被害の拡大など様々な問題が生じるおそれがあるため、引下げの法整備を行うには、若年者の自立を促すような施策や消費者被害の拡大のおそれ等の問題点の解決に資する施策が実現されることが必要であるとの指摘がされています。

　3　その後、平成 27 年 6 月に成立した公職選挙法等の一部を改正する法律(平成 27 年法律第 43 号)は、選挙権年齢を 18 歳に引き下げた上で、その附則において、「国は、国民投票……の投票権を有する者の年齢及び選挙権を有する者の年齢が満十八年以上とされたことを踏まえ、選挙の公正その他の観点における年齢満十八年以上満二十年未満の者と年齢満二十年以上の者との均衡等を勘案しつつ」、民法、少年法その他の法令の規定について検討を加え、必要な法制上の措置を講ずるものとしています[注2]。

平成 28 年には、改正後の公職選挙法に基づき、18 歳、19 歳の者が現実に選挙権を行使した最初の国政選挙である参議院議員通常選挙が実施されました。

4　法務省においては、選挙権年齢が 18 歳に引き下げられたことや、法制審議会で指摘された成年年齢引下げの問題点についてこれまで様々な取組がされてきたこと（Q16、Q17 参照）などを踏まえ、民法の成年年齢の引下げに向けた具体的な準備を開始しました。その過程で、平成 28 年 9 月には、民法の成年年齢の引下げの施行方法に関してパブリックコメント手続を実施しています（Q7 参照）。

　そして、パブリックコメント手続に寄せられた意見などを踏まえて関係法案の立案作業を進め、平成 30 年 3 月 13 日、改正法案を第 196 回国会（平成 30 年通常国会）に提出しました。

　（注 1）国民投票法成立以前にも、議員立法として、民法の成年年齢、公職選挙法の選挙権年齢、少年法の適用対象年齢を 20 歳から 18 歳に引き下げること等を内容とする法律案が、数回にわたって国会に提出されましたが、いずれも審議未了のまま廃案となりました。
　（注 2）これに先立って平成 26 年 6 月に成立した日本国憲法の改正手続に関する法律の一部を改正する法律（平成 26 年法律第 75 号）においても、その附則で、同法の施行後速やかに、「年齢満十八年以上満二十年未満の者が国政選挙に参加することができること等となるよう、国民投票の投票権を有する者の年齢と選挙権を有する者の年齢との均衡等を勘案し」、公職選挙法、民法その他の法令の規定について検討を加え、必要な法制上の措置を講ずるものとされています。

Q3 成年年齢の引下げに関する法制審議会の答申は、どのような内容のものですか。

A 　1　法制審議会民法成年年齢部会は、平成21年7月、「民法の成年年齢の引下げについての最終報告書」（以下「最終報告書」といいます。）を取りまとめ、これを踏まえて、法制審議会総会は、同年10月28日、部会における調査審議結果を取りまとめたものとして最終報告書を添付した上で、「民法の成年年齢の引下げについての意見」（以下「法制審意見」といいます。）を採択して法務大臣に対して答申しました。

　2　法制審意見は、結論として、「民法の定める成年年齢を18歳に引き下げるのが適当である」としています。

　最終報告書も、結論として、選挙権年齢が18歳に引き下げられることになるのであれば、18歳、19歳の者が政治に参加しているという意識を責任感をもって実感できるようにするためにも、取引の場面など私法の領域においても自己の判断と責任において自立した活動をすることができるよう、民法の成年年齢を18歳に引き下げるのが適当であるとしています。

　最終報告書は、民法の成年年齢を引き下げることの意義について、現在の日本社会では急速に少子高齢化が進行しており、我が国の将来を担う若年者には、社会・経済において積極的な役割を果たすことが期待されているとした上で、18歳、19歳の者を「大人」として扱って早期に社会・経済における様々な責任を伴った体験をさせ、社会の構成員として重要な役割を果たさせることは、若年者の「大人」としての自覚を高めることにつながり、個人及び社会に大きな活力をもたらすことになると考えられると指摘しています。

　最終報告書は、また、親の行為なく単独で契約をすることができ

る年齢を引き下げる意義として、18歳に達した者が、自ら就労して得た金銭などを、法律上も自らの判断で費消することができるというメリットがあることを指摘しています。

3　もっとも、最終報告書においては、成年年齢を引き下げた場合の問題点も指摘されています。

　まず、契約年齢を引き下げた場合の問題点として、18歳、19歳の者の消費者被害が拡大するおそれがあることが指摘されています。これまでは民法第5条第2項が規定する未成年者取消権が存在し、悪質業者に対する抑止力になっていましたが、成年年齢を引き下げると18歳、19歳の者が未成年者取消権を行使することができなくなるため、悪質業者のターゲットとされ、不必要に高額な契約をさせられたり、マルチ商法などの被害が高校内で広まるおそれがあるというものです。また、親権の対象となる年齢を引き下げた場合の問題点として、現代の若年者の中には、経済的に自立していない者、他人に無関心な者などが増加しており、成年年齢を引き下げることにより、これらの自立に困難を抱える18歳、19歳の者が親などの保護を受けられにくくなってますます困窮するおそれがあることなどが指摘されています。

　このような問題点を踏まえ、法制審意見及び最終報告書においては、直ちに引下げを行うと、消費者被害の拡大など様々な問題が生ずるおそれがあるため、引下げの法整備を行うには、若年者の自立を促すような施策や消費者被害の拡大のおそれ等の問題点の解決に資する施策が実現されることが必要であるとして、一定の環境整備が必要である旨が指摘されています。

4　引下げの時期については、「成年年齢を18歳に引き下げる法整備を行う具体的時期については、関係施策の効果等の若年者を中

心とする国民への浸透の程度やそれについての国民の意識を踏まえた、国会の判断に委ねるのが相当である」とされています。

5 その他

このほか、法制審意見及び最終報告書においては、養親年齢（養親として養子縁組をすることができる最低年齢）について、成年年齢を引き下げる場合であっても 20 歳とする現状を維持すべきであるとしています。その理由として、最終報告書は、養子をすることは他人の子を法律上自己の子として育てるという相当の責任を伴うものであること、20 歳で養子をすることができるという現状で特段不都合は生じていないことなどを挙げています。

また、最終報告書は、女性の婚姻開始年齢について、成年年齢を 18 歳に引き下げる場合には、婚姻開始年齢については男女とも 18 歳とすべきであるとしています。法制審議会では、それ以前にも女性の婚姻開始年齢を 18 歳とすべきであるとの答申をしており（平成 8 年 2 月 26 日法制審議会総会決定（民法の一部を改正する法律案要綱））、これを変更すべき特段の事情はないことを理由としています。

Q4 成年年齢を引き下げる理由、意義はどのようなものですか。

A

1 成年年齢引下げの理由

(1) 少子高齢化が急速に進行する我が国においては、将来を担う18歳、19歳の若年者の積極的な社会参加を促すなどの観点から、国政上18歳以上の者を一人前の大人と見て、将来の国づくりの中心とするという政策的な判断がされ、18歳、19歳の者に、憲法改正国民投票の投票権や、公職選挙法の選挙権といった参政権が与えられることとなりました。こうした事情を踏まえると、市民生活の基本法である民法においても、自ら就労して得た金銭などを自らの判断で取引に使うことができる独立の主体として位置づけ、経済取引の面でもいわば一人前の大人として扱うことが、法制度としての一貫性や簡明性といった観点から適当であると考えられます。

(2) また、今日の18歳、19歳の者の実情をみると、大学入学や就職を機に一人暮らしを始め、独立した主体として生活している者も多いということができます。また、18歳、19歳の者は、17歳以下の者に比べ、何らかの形で就労し、金銭収入を得ている者の割合が大幅に高く、8割を超える大学生がアルバイトをしているという調査結果もあります。18歳、19歳の者が一人前の大人として扱われ、単独で契約を締結することができるようにすることは、これらの者の経済活動にとって便宜であり、実態にも合致するものであるともいえます。

(3) **諸外国との比較**

G7諸国の多くは、1960年代後半から1970年代中盤に、選挙権年齢の引下げに遅れること数年で、あるいは選挙権年齢の引下げと同

時に、成年年齢を18歳に引き下げています。その結果、現在では、G7を構成する先進諸国は、日本や一部の地域を除き、成年年齢を18歳と定めています。また、OECD加盟国においても、35か国中31か国が成年年齢と選挙権年齢をともに18歳と定めています。様々な面で国際的な交流が進んでいる今日の状況の下で、我が国において、世界標準よりも高い成年年齢を維持すべき合理的な理由は見出し難いものと考えられます。

(4)　現在、高校等進学率が98％を超えていることに加え、若年者への消費者教育について、平成20年及び21年の学習指導要領の改訂により、小学校、中学校、高等学校における消費者教育、法教育及び金融経済教育の取扱いが充実されており、現在の高校3年生は、既に充実が図られた学習指導要領に基づく教育を受けています。

(5)　改正法は、以上のような事情を総合的に考慮して、民法の成年年齢を20歳から18歳に引き下げることとしたものです。

2　成年年齢引下げの意義

(1)　成年年齢の引下げにより、18歳、19歳の者は、自ら就労して得た金銭などを自らの判断で使うことができるようになるほか、自ら居所を定めたり、また希望する職業に就いたりすることができるようになります。このような取扱いは、新たに成年として扱われる若年者の自己決定権を尊重し、自らその生き方を選択することができるようにするものであるということができ、若年者世代の一人一人にとって大きな意義があるというふうに考えられます。

(2)　また、人口減少や超高齢化などの構造的課題を抱える我が国において、若年者が一人前の大人としての自覚を高め、様々な社会

分野で積極的に活躍することは、社会に大きな活力をもたらすことにつながると考えられます^(注)。

(注) 法制審議会民法成年年齢部会が取りまとめた「民法の成年年齢の引下げについての最終報告書」は、18歳以上の者を、政治面のみならず、経済活動の場面においても一人前の「大人」として処遇することは、若年者が将来の国づくりの中心であるという国としての強い決意を示すことにつながり、若年者及び社会にとって大きな活力をもたらすことが期待されると指摘しています（**Q3**参照）。

Q5 選挙権年齢などの参政権に関する年齢と、民法の成年年齢とは、どのような関係にあるのですか。

A 1 民法の成年年齢には、①確定的に有効な法律行為を親権者の同意を得ないで単独ですることができる年齢という意義と、②父母の親権に服さなくなる年齢という意義があり、未成年者に対する一律の保護を与える必要がなくなるのは何歳かという観点から定められています。これに対し、日本国憲法の改正手続に関する法律の投票権年齢及び公職選挙法の選挙権年齢といった参政権に関する年齢は、何歳以上の者を憲法改正国民投票や、国政選挙に参加させるべきかという観点から定められています。

したがって、民法の成年年齢と参政権に関する年齢とは、それぞれ立法趣旨が異なっているため、両者が一致する論理的な必然性はないと考えられます(注)。

2 もっとも、近時、平成19年に成立した日本国憲法の改正手続に関する法律において憲法改正国民投票の投票権年齢が18歳以上と定められ、また、平成27年の公職選挙法改正により選挙権年齢が18歳以上に引き下げられるなど、18歳以上20歳未満の者に対して国家の在り方や国政の方向性に関わる最も基本的な権利が与えられました。このことは、18歳以上の者には、これらの重要事項についての判断能力が備わっており、いわば一人前の大人として扱うのが相当であるという国政上の判断が示されたものということができます。

このような流れを踏まえると、市民生活の基本法である民法において、従前どおり18歳以上20歳未満の者を未成年者とする扱いを続けることは、法制度としての一貫性や簡明性といった観点からは、問題があるものと考えられます。

3　以上のとおり、民法の成年年齢と参政権に関する年齢とは、必ずしも一致する必然性はないものの、できる限り一致していることが望ましいと考えられます。

（注）法制審議会民法成年年齢部会が取りまとめた「民法の成年年齢の引下げについての最終報告書」は、公務員の選挙について規定した憲法第15条第3項との関係で、選挙権年齢と民法の成年年齢との関係について、以下のとおり言及しています。

「憲法は、『公務員の選挙については、成年者による普通選挙を保障する。』と規定している（第15条第3項）ところ、この『成年』の意義については、民法の成年を指すのか、それとは別の公法上の『成年』を指すのか、憲法の学説上も対立が見られる（なお、公職選挙法は、その第9条（編者注：上記最終報告書取りまとめ時点での規定である。）において、『日本国民で年齢満二十年以上の者は、衆議院議員及び参議院議員の選挙権を有する。』と規定している。）。しかしながら、いずれの立場に立つとしても、憲法は成年者に対して選挙権を保障しているだけであって、それ以外の者に選挙権を与えることを禁じてはおらず、民法の成年年齢より低く選挙年齢を定めることが可能であることは、学説上も異論はないようである。」

第1章 総論

Q6 改正法案の国会における審議の経過及び内容はどのようなものでしたか。

A 1 改正法案については、衆議院において、平成30年4月24日に本会議における趣旨説明及びこれに対する質疑が行われ、法務委員会に付託されたのち、同年5月9日から25日まで、参考人質疑2回を含む5回、合計18時間の質疑が行われ、同月29日、本会議において賛成多数で可決されました。また、参議院においては、同月30日、本会議における趣旨説明及びこれに対する質疑が行われ、法務委員会に付託されたのち、同月31日から同年6月12日まで、参考人質疑2回を含む4回、合計17.5時間の質疑が行われ、同月13日、本会議において賛成多数で可決・成立しました。なお、参議院法務委員会においては、改正法案に対する附帯決議がされています（**巻末資料3**）。

2 国会における質疑の概要は、以下のとおりです。

(1) まず、成年年齢の意義や引下げの理由について問う、いわゆる立法事実に関する質問がありました。これに対しては、18歳、19歳の方に参政権が付与されてきたことや諸外国における成年年齢等を踏まえて引下げがされること、その意義として若年者の自己決定権の拡大につながることなどが答弁されています（Q4参照）。

(2) また、質疑においては、成年年齢引下げの環境整備について多くの時間が割かれ、これまでに行われてきた環境整備施策（Q16、Q17参照）、「成年年齢引下げを見据えた環境整備に関する関係府省庁連絡会議」（以下「連絡会議」といいます。）（Q18参照）の概要や施策の進捗管理の方法について質問がありました。政府からは、連絡会

議においては、構成員である関係府省庁が相互に確認をし、施策の進捗状況の管理を行うこと、また、幹事会を開催し、実務的な協議を行っていく予定であること等が答弁されました。

環境整備に関しては、消費者保護施策、消費者教育、消費生活相談体制の充実等、消費者被害の拡大を防止する施策についても多くの質問がありました。民法の成年年齢を引き下げた場合には、18歳、19歳の者が未成年者取消権を行使することができなくなるため、何らの対策も講じなければ、消費者被害が拡大するおそれがあると考えられます。これを防止するため、これまで、消費者教育の充実や消費者契約法の改正などの施策が行われてきており、今後もその充実が予定されています（Q16参照）。政府からは、これらの内容について答弁がされています。

また、親権者による保護を失う18歳、19歳の若年者の自立支援についても多くの質問があり、政府からは、これまで行われてきた施策の内容等について答弁がされています（Q17参照）。

(3) 成年年齢が引き下げられ、18歳、19歳の若年者が未成年者取消権を失うことにより、アダルトビデオへの出演契約を取り消すことができなくなり、出演を強要されるのではないかとの懸念も示されました。政府からは、アダルトビデオ出演契約が締結されても、これに基づく債務の性質上、意に反して出演を強制される法律上の根拠はないこと、契約が成立したとしても、公序良俗違反（民法第90条）、詐欺又は強迫を理由とする取消し（同法第96条第1項）などの手段があることなどが答弁され、その上で、「いわゆるアダルトビデオ出演強要問題・『JKビジネス』問題等に関する関係府省対策会議」や連絡会議などを通じて対策に取り組んでいく旨の答弁がされています。

⑷　改正法が成立した場合に、改正法の内容をどのように周知するのかについても、質疑がされました。政府からは、パンフレットやポスターの作成のほか、様々なイベントを開催するなどして、徹底した周知活動を行っていきたい旨の答弁がされています。

⑸　国会における質疑では、成年年齢が引き下げられた場合、成人式の時期や在り方等について、混乱が生じるのではないかという懸念も示されました。政府からは、関係者との意見交換等を踏まえ、情報発信に努めていく旨の答弁がされています（Q43参照）。

⑹　成年年齢の引下げに伴い、養育費の支払期間の終期に影響はあるのかについても、質問がありました。政府からは、施行日前に合意された養育費の支払期間については一般的には影響がないと考えられること、施行日後も、養育費の支払義務が生じるのは子が未成年である場合に限定されるものではないこと等が答弁されています（Q19参照）。

3　参議院においては、附帯決議がされています（巻末資料3参照）。これは、政府に対し、消費者被害の拡大を防止するため、法整備などの対策を講ずること、若年者の自立を支援する観点から、養育費に関する周知などの必要な措置を講ずること、改正法の内容の周知の徹底を図ること、環境整備施策の効果の浸透度等を調査し、その状況について随時公表すること等を求めるものです。

Q7 改正法案の提出に至る過程で、どのように国民の意見を聴取してきたのですか。

A 1　民法の成年年齢の引下げは、18歳、19歳の若年者本人や、その親権者等のみならず、国民全体に多大な影響を与えるものですので、その検討に当たっては、国民の幅広い意見を聞く必要があるものと考えられます。そこで、法制審議会民法成年年齢部会における調査審議の過程や、その後の法案の準備作業に際しては、次のように、国民の意見を幅広く聴取する機会が設けられてきました。

2　法制審議会民法成年年齢部会[注1]における調査審議の過程においては、教育関係者、消費者問題の関係者、労働問題の関係者、若年者の研究をしている社会学者・発達心理学者・精神科医師、親権問題の関係者等から、民法の成年年齢を引き下げた場合に生ずる問題及びその解決策等について意見を聴取する機会を設けました。また、同部会のメンバーが、高校や大学に赴き、それぞれ高校生や大学生（外国人留学生を含む。）との間で民法の成年年齢の引下げについて意見交換を行いました。成年年齢の引下げの是非に関する意見は、賛否両論に分かれましたが、現在の若年者は様々な問題を抱えており、成年年齢を引き下げるためには、一定の環境整備をする必要があるとの点では、ほぼ認識を共通にしていました。意見の概要は次のとおりです。

(1)　引下げに賛成の意見の概要
・　高校3年生で成人を迎えるとすることによって、高校教育の場で、成人の意味や大人になるための教育を、現実味をもって指導することが可能になる。

- 高学歴化が進む中、大人への移行期が長期化しているが、だからこそ成年年齢を引き下げ、若年者が早期に社会の一人前の構成員になるという意識付けを行うべきである。
- 従前の我が国の若者政策は雇用対策が中心で、若年者の自立を促すためにはどうしたらよいのかという視点が希薄であり、若年者が経済的、社会的、職業的に自立を果たせるよう若者に関する施策を充実させる必要がある。成年年齢の引下げを、日本の若者政策の転換の契機とすべきである。
- 両親が離婚した場合、その子の親権の帰属をめぐって争いがしばしば生ずるが、このような争いから18歳、19歳の子が解放されることになる。
- 親からの虐待を受けている18歳、19歳の子が親権から解放され、自由に居所等を定めることができる(なお、児童虐待の対象は低年齢児であり、成年年齢の引下げによって得られる効果は小さいとの指摘もあった。)。

(2) 引下げに反対の意見の概要
- 現在の消費者トラブルの状況(国民生活センター等に寄せられる相談件数は20歳になると急増する。また、20歳になった誕生日の翌日を狙う悪質な業者も存在する。)からすると、民法第5条第2項(未成年者取消権)が、悪質な業者に対する抑止力になっていると考えられるが、成年年齢を18歳に引き下げると、消費者トラブルが若年化するおそれがある。
- 若年者の消費者被害の特徴として、被害が学校などで連鎖して広がるという特徴が挙げられるが、成年年齢を18歳に引き下げると、マルチ商法などが高校内で広まる危険性がある。
- 消費者被害が生じないような環境ができれば、成年年齢の引下げも可能ではあるが、悪質な業者は、法の規制の間隙を狙う

はずであり、そのような環境整備が実際にできるか疑問である。
- 成年年齢を引き下げると、高校生でも契約をすることができるようになり、借金をしたり、借金を返すために劣悪な労働に従事する若者が出てくるおそれがある。
- 現在でも親の保護を十分に受けられていない層の若者が、益々保護を受けられず、困窮するおそれがある。
- 精神医学の世界では、若者が成熟する年齢は、30歳であるとか、35歳から40歳くらいであるという意見があり、法律上の成年年齢を引き下げると、法律上の成年年齢と実際上の成熟年齢が現在よりも乖離することになり、若者のシニシズム（成年年齢に達したとしても、どうせ子どもだし、自立できないという意識）が進む可能性がある。
- 精神医学的には、成熟度を「コミュニケーション能力（会話能力のみならず、相手の感情を読みとったり、それに応じて行動できる能力）」と「欲求不満耐性（欲求や欲望の実現を待てる能力）」により測ることができ、両者がバランスよく取れていることが大切であるが、日本の若者は、引きこもりなど非社会化の傾向が進んでいることを考えると、「欲求不満耐性」は強いが、「コミュニケーション能力」を欠く若者が多いと思われる。このような若者に対しては、成年年齢の引下げをして、自己責任を強調することは、若者たちを追い込むことになり、突発的に凶悪犯罪を敢行するなどの暴発を起こす危険性がある。
- 近年の研究によると、脳に機能的な障害があり、数に対するセンスが欠けている算数障害（明らかに経済的に破綻すると分かっていながら、闇金融から借金を繰り返すなど欲望をコントロールできない。）や注意欠陥障害（ある物事に注意が集中してしまうと、他の物事に気づかない。）など発達障害を抱えている者が6%から10%ほど存在することが分かったが、発達障害者に対する

理解や社会の対策が不十分なままで成年年齢の引下げをすると、発達障害者の生きづらさが激化し、キレたり、凶悪犯罪を敢行したりする若者が増える危険性がある。
・　成年年齢の引下げに必要となる教育の充実は、授業時間数の制約から困難であり、若者の自立を促すための政策も後回しになる可能性が強い。
・　離婚後の養育費の支払期間は20歳までとするのが一般的であるところ、成年年齢の引下げに伴い、養育費の支払期間も18歳までに短縮されるおそれがあり、その結果、子の大学進学機会が狭められたり、経済的に困窮する家庭のもとで子が虐待を受けることが増加するおそれがある。

　3　民法の成年年齢の引下げの当否に関しては、平成20年12月に法制審議会民法成年年齢部会が取りまとめた「民法の成年年齢の引下げについての中間報告書」について、同月17日から平成21年1月30日までの日程でパブリックコメント手続を実施しています。このパブリックコメント手続には、合計55件の意見が寄せられました。成年年齢の引下げの是非に関する意見は、賛否両論に分かれ、海外の若年者と比較して、日本人の18歳、19歳が未熟であるとは考えられないとして賛成する意見も寄せられた一方で、成年年齢を引き下げると、18歳、19歳の者が悪質商法のターゲットになること等を懸念して、引下げに反対する意見も寄せられました。また、成年年齢と選挙権年齢との関係についても、成年年齢と選挙権年齢とは一致すべきであるという意見と、一致しなくてもよいという意見に分かれました。

　4　法案の準備作業の過程では、平成28年9月1日から同月30日までの日程で、周知期間の長さや施行日など成年年齢の引下げの

具体的な施行方法についても、パブリックコメント手続を実施し、①改正法の施行時点で18歳、19歳の者が、施行日に一斉に成年に達するとすることによる支障の有無、②周知期間を改正法成立後3年程度とすることによる支障の有無、③具体的な施行日をいつにするか、④改正法の施行時点で18歳、19歳の者が、施行前にした行為について、遡って成年がした行為とは扱わないとする場合の支障の有無について意見募集を行いました。

このパブリックコメントの手続においては、日本弁護士連合会、全国高等学校長協会、全国消費生活相談員協会など20の団体及び173名の個人から意見が寄せられました。意見の概要は、次のとおりです。

① 改正法の施行時点で18歳、19歳の者が、施行日に一斉に成年に達するとすることによる支障の有無については、年齢別に成人となる日をばらばらにした場合には、いつの時点で成年となるのか分からない人が出てきてしまうおそれがあり、社会全体の混乱にもつながりかねないとして、一斉に成年に達するとすることを支持する意見が寄せられた一方で、施行日前後に悪徳業者による勧誘が集中するおそれがある等として、これに反対する意見も寄せられました。

② 周知期間を改正法成立後3年程度とすることによる支障の有無については、システム対応等の観点から3年程度の周知期間が必要であるとして、3年程度の周知期間を支持する意見が寄せられた一方で、国民の関心が低下してしまうことを懸念して、2年程度の期間が妥当であるとする意見や、学校教育における準備期間が必要であることや、成年年齢の引下げの環境整備のための施策の更なる充実を図る必要があること等を考慮して、5年程度の期間を相当とする意見や、それよりも長期の期間とすべきとする意見も寄せられました。

③　具体的な施行日をいつにするかについては、学校教育における混乱を避けるという観点から、4月1日とすべきであるとする意見が寄せられた一方で、暦年で分かりやすいとして1月1日とすべきであるとする意見や、その他の施行日を支持する意見も寄せられました。

④　改正法の施行時点で18歳、19歳の者が、施行前にした行為について、遡って成年がした行為とは扱わないとする場合の支障の有無については、特段支障はないとする意見も寄せられた一方で、消費者被害の拡大への懸念から、消費者保護のための法制的な対応が必要であると指摘する意見も寄せられました。

5　以上のほか、民法の成年年齢の引下げについては、平成20年7月と平成25年10月に、内閣府において世論調査を実施しています[注2]。

(注1) 部会のメンバーについて
　部会のメンバーの選定に当たっては、できる限り国民の幅広い意見を聴取できるよう、民法学者のほか、若年者の問題を研究している社会学者、発達心理学者、消費者問題の専門家、マスコミ関係者2名等を委員としています。
(注2) 世論調査は、平成20年7月と平成25年10月に実施されました。
　世論調査においては、成年年齢の持つ2つの意味に応じて、それぞれについて引下げの賛否を質問しています。その結果は次のとおりです。

①　契約年齢を18歳にすることについて

	平成25年	平成20年
賛　成	18.6%	19.0%
反　対	79.4%	78.8%

② 親権年齢を 18 歳未満にすることの賛否

	平成 25 年	平成 20 年
賛　成	26.2%	26.7%
反　対	69.0%	69.4%

　また、引下げに反対した者に対して、どのような条件を整備すれば賛成をするかを質問しています。その結果は次のとおりです（複数回答）。

	平成 25 年	平成 20 年
①　18 歳になる前に、契約の意味や、契約に伴う責任など、法的なものの考え方を身に付けるための教育をより充実して行うこと	40.5%	38.4%
②　18 歳になる前に、消費者教育や金融に関する教育をより充実して行うこと	29.0%	26.8%
③　消費者保護の施策などを強化充実すること	20.3%	19.7%
④　どのような条件が整備されたとしても引下げには反対	43.8%	38.9%
⑤　わからない	3.1%	5.2%

第2章 成年年齢

第1 成年年齢の意義

Q8 成年年齢の民法上の意義はどのようなものですか。

A 成年年齢には、民法上、大きく分けて二つの意義があります。

まず、成年年齢には、契約等の法律行為を単独ですることができる年齢という意義があります。すなわち、民法上、未成年者は、原則として単独で法律行為をすることができず（民法第5条第1項本文）[注]、法定代理人の同意を得ないで法律行為をした場合には、事後的に取り消すことができることとされています（同条第2項）。これに対し、成年年齢に達した者は、単独で、確定的に有効な法律行為をすることができることとされています。このため、成年年齢は、単独で法律行為をすることができる者の範囲を画するという意義を有するということができます。

次に、成年年齢には、親権者の親権に服さなくなる年齢という意義があります。親権は、未成年の子の監護・教育をし、その財産を管理するため、その父母に与えられた身上及び財産上の権利義務の総称であり、未成年者を対象として行使されるものです。具体的には、例えば、居所の指定（民法821条）、職業の許可（同法第823条）、財産の管理及び代表（同法第824条）などが含まれます。成年に達すると親権に服さないことになるため、成年年齢は、親権に服する者

の範囲を画するという意義を有するということができます。

（注）ただし、次のような法律行為は、未成年者が単独で行うことができます。
- 単に権利を得、又は義務を免れる法律行為（負担の付いていない贈与・遺贈を受けることや、債務の免除を受けることなど。民法第5条第1項ただし書）
- 法定代理人が目的を定めて処分を許した財産を、その目的の範囲内で処分すること（学資や旅費等として手渡された金銭をその範囲内で費消することなど。同条第3項前段）
- 法定代理人が目的を定めないで処分を許した財産を処分すること（小遣銭を費消することなど。同項後段）

Q9 成年年齢が20歳と定められた経緯・理由はどのようなものですか。

A 1 我が国において私法上の成年年齢が初めて定められたのは、明治9年太政官布告第41号であるといわれています。太政官布告は、旧憲法下における法律又は勅令に該当するものであり、明治9年太政官布告第41号は、「自今満弐拾年ヲ以テ丁年ト相定候」としていました。その後、20歳をもって成年とするという制度は、旧民法（明治23年法律第98号。施行されずに廃止）を経て、現行民法（明治29年法律第89号）に引き継がれ、現在に至るまで維持されています。

2 成年に達する年齢として20歳という年齢が選ばれた理由は、必ずしも明確ではありません。しかし、当時の欧米諸国には成年年齢を21～25歳と定める国が多かったこと、一方で我が国においては従前15歳程度を成年とする慣行があったこと、日本人の平均寿命が欧米諸国よりも短かったこと等を総合的に考慮した結果であるといわれています。

Q10 諸外国における私法上の成年年齢は、どのようになっていますか。

A 諸外国においては、成年年齢を 18 歳としている国や州（イギリス、イタリア、フランス、ドイツ、ロシア、中国、アメリカの大部分の州）が多いですが、19 歳（韓国、カナダの一部の州等、アメリカの一部の州等）、20 歳（タイ、ニュージーランド）、21 歳（シンガポール、アメリカの一部の州）としている国や州もあります[注1]。

OECD 加盟国に限れば、35 か国中 32 か国が成年年齢を 18 歳としており（一部の州等で異なる成年年齢を定めている国を含みます。）[注2]、G7 の中で成年年齢を 20 歳としているのは、日本のみです。

(注1) 諸外国における成年年齢
　成年年齢に関する調査結果がある 187 の国・地域のうち、成年年齢を 18 歳以下としている国の数は 142 か国（約 76％）です（法制審議会民法成年年齢部会参考資料 27 にその後把握できた改正を反映した数値）。

(注2) OECD 加盟国における成年年齢及び選挙権年齢（下線部は、G7 構成国）

ともに 18 歳とする国	アイスランド、アイルランド、<u>アメリカ合衆国</u>（※1）、<u>イギリス</u>（※2）、イスラエル、<u>イタリア</u>、エストニア、オーストラリア、オランダ、<u>カナダ</u>（※3）、ギリシャ、スイス、スウェーデン、スペイン、スロバキア、スロベニア、チェコ、チリ、デンマーク、<u>ドイツ</u>、トルコ、ノルウェー、ハンガリー、フィンランド、<u>フランス</u>、ベルギー、ポーランド、ポルトガル、メキシコ、ラトビア、ルクセンブルク
成年年齢を 18 歳、選挙権年齢を 16 歳とする国	オーストリア
ともに 19 歳とする国	韓国
成年年齢を 20 歳、選挙権年齢を 18 歳とする国	ニュージーランド、<u>日本</u>

※1　選挙権年齢は全ての州で18歳であり、成年年齢についても、47の州で18歳とされ、19歳とする州は2州、21歳とする州は1州にとどまる。
※2　スコットランドでは、単独で契約をすることができる年齢が16歳とされている。
※3　成年年齢を19歳とする州又は準州もある。

Q11 なぜ、17歳や19歳、高校卒業時など、他の年齢ではなく18歳に引き下げるのですか。

A 1 法制審議会民法成年年齢部会においては、民法の成年年齢を引き下げる場合に、何歳で成年に達することとするのかについても検討されました。その際には、満18歳になる日に成年に達するという考え方に加えて、満19歳になる日に成年に達するという考え方等も提示されました。

また、大多数の者が高校に通っており、高校を卒業する段階で親元を離れたり就職したりする者も多いという現状に鑑みると、高校卒業時点で一斉に成年に達することとすべきであるという意見もありました。

2 しかし、公職選挙法の選挙権年齢が18歳とされるのであれば、法制度としての一貫性や簡明性といった観点からは、民法の成年年齢もこれと同じ扱いにすることが望ましいと考えられます。また、海外の状況を見ても、成年年齢を18歳にしている国が多く、かつ、私法上の成年年齢と選挙権年齢を一致させている国が多いということができます（Q10（注2）参照）。

また、高校卒業時点で成年に達するという考え方に対しては、高校は義務教育ではなく、20歳の高校生もいることからすると、高校卒業を基準とすることは相当でないこと等を理由とする反対意見がありました。さらに、誕生日以外の日に成年に達することになるという点で、国民意識に沿うものとなるか、疑問があります。

3 以上のような議論を経て、法制審議会民法成年年齢部会がとりまとめた「民法の成年年齢の引下げについての最終報告書」においては、選挙権年齢が18歳に引き下げられるのであれば、民法の成

年年齢も 18 歳に引き下げるのが適当であるとされました。これに従い、改正法においても、成年年齢を 19 歳や 17 歳ではなく、選挙権年齢と同じ年齢である 18 歳に引き下げることとしています。

Q12 成年年齢の引下げによって、どのようなことができるようになるのですか。

A 成年年齢の引下げによって、18歳、19歳の方は、法定代理人の同意を得なくても、様々な契約をすることができるようになります。例えば、携帯電話を購入する、一人暮らしのためのアパートを借りる、クレジットカードを作成する、ローンを組んで自動車を購入する、などが法定代理人の同意を得なくてもできるようになります。

また、満18歳で親権に服することがなくなる結果、自分の住む場所（居所）や、進学や就職などの進路について、自分の意思で決めることができるようになります。

そのほか、民法の成年年齢は、民法以外の法律において、各種の資格を取得したり行為をしたりするために必要な基準年齢とされています。成年年齢の引下げに伴い、他の法令における年齢要件についても、変更されているものがあります（**Q34**参照）。

> **Q13** 成年年齢の引下げにより、18歳、19歳の方の扱いが変わることとなる民法の規定にはどのようなものがありますか。

A 1　成年年齢を18歳に引き下げた場合には、民法上の基本的な効果として、18歳、19歳の方は、契約等の法律行為を単独ですることができることになり（同法第5条第1項本文）、また、父母の親権に服さないこととなります（同法第818条第1項）。

2　18歳、19歳の方が完全な行為能力を有することになることに関連して、18歳、19歳の方の扱いが変わることとなる民法の規定には、次のようなものがあります。

- 営業を許された未成年者は成年者と同様の行為能力を有するとされています（同法第6条第1項）が、この許可の対象となる者（未成年者）の範囲が20歳未満から18歳未満に変わります。
- 未成年であることを理由に取り消すことができる行為について、取消しの原因となっていた状況が消滅し、本人が単独で追認をすることができるようになる時期（同法第124条）は、現在は本人が20歳に達した時ですが、18歳に達した時から単独で追認をすることができるようになります。
- 債権者が未成年者で法定代理人がいない場合は、その未成年者が成年に達した時又は法定代理人が就職した時から6か月間は消滅時効が完成しません（同法第158条第1項）が、この未成年者の範囲及び成年に達した時が変わります。
- 債務者が保証人を立てる義務を負う場合には、その保証人は行為能力者でなければならないとされています（同法第450条第1項第1号）が、この要件が20歳以上から18歳以上に引き下げられます。

3　このほか、認知をするために承諾を得なければならない成年の子の範囲（民法第782条）、養子とするのに家庭裁判所の許可を要する者（未成年）の範囲（同法第798条）も、成年年齢の引下げに伴って変更されます。

　また、民法上、親権者がいない未成年者については、後見が開始され、未成年後見人が親権者と同一の権利義務を有することとされていますが、成年年齢の引下げに伴い、18歳、19歳の者は、未成年後見制度の適用対象から外れることになります（同法第838条第1号）。

　さらに、民法上、未成年者は、婚姻の届出の際の証人（同法第739条第2項）や、後見人（同法第847条第1号）、遺言執行者（同法第1009条）になることができないものとされていますが、成年年齢の引下げに伴い、18歳、19歳の者でも、これらになることができるようになります。

　4　他方で、民法第712条は、未成年者が他人に損害を加えた場合に、自己の行為の責任を弁識するに足りる知能を備えていなかったときは責任を負わないと規定していますが、この規定によって損害賠償責任を負わないこととされる者の範囲は変更されないものと考えられます。たしかに、同条にいう「未成年者」の意味は変わりますが、同条は、未成年者であったというだけではなく、その未成年者に責任能力がないことを要件としており、未成年者であるか否かで直ちに責任能力を有する者の範囲が画されるものではないからです。判例によれば、責任能力については、加害行為の法律上の責任を弁識するに足りる知能であるとされており（大判大正6年4月30日民録23輯715頁）、最終的には個別の事案ごとの判断ではあるものの、一般的には、概ね12歳から13歳程度で備わると解されています。このような判例の判断基準からすると、成年年齢を20歳か

ら18歳に引き下げたとしても、責任能力を有する者の範囲に影響は生じないと考えられます。

Q14 遺言をすることができる年齢など、成年年齢以外の年齢要件は変更されないのですか。

A 1 民法には、父又は母と氏が異なった場合に単独で氏の変更手続をすることができる年齢を15歳以上と定める規定（同法第791条第3項）、単独で養子縁組の承諾をすることができる年齢を15歳以上と定める規定（同法第797条第1項）、遺言をすることができる年齢を15歳以上と定める規定（同法第961条）など、年齢に関する要件を定めた規定があります。

これらの規定は、本人の意思を尊重する必要がある行為について、行為能力が認められることになる成年年齢よりも低い年齢要件を定めたものであり、こうした趣旨からすれば、成年年齢を20歳から18歳に引き下げる場合であっても、これらの年齢要件を変更する必要はないと考えられます。

したがって、改正法においては、これらの規定を改正することとはしていません。

2 このほか、民法の規定中の年齢要件としては、特別養子縁組の養親となることができる年齢（養親年齢）を25歳以上と定める同法第817条の4、特別養子縁組の養子となることができる年齢を原則として6歳未満と定める同法第817条の5があります。しかし、これらについても、成年年齢とは異なる趣旨に基づいて定められたものですので、変更はありません（特別養子縁組における養親年齢については、Q27参照）。

第2 成年年齢の引下げに向けた環境整備

Q15 成年年齢の引下げに向けて、どのような環境整備が必要になると考えられますか。

A 　1　民法第5条第2項は、未成年者が法定代理人の同意を得ないでした法律行為は、原則としてこれを取り消すことができると規定しています。この未成年者取消権は、未成年者の保護を図るためのものであり、未成年者の消費者被害を防ぐ上で重要な役割を果たしてきました。改正法により成年年齢が18歳に引き下げられると、18歳、19歳の方は、この未成年者取消権を行使することができないことになるため、何らの対策も講じなければ、消費者被害が拡大するおそれがあると考えられます。このため、成年年齢の引下げに向けた環境整備として、若年者の消費者被害の拡大を防止するための施策が必要であると考えられます。この点は、法制審議会民法成年年齢部会がとりまとめた「民法の成年年齢の引下げについての最終報告書」においても、指摘されています(Q3参照)。

　2　また、これまでは、18歳、19歳の方は親権に服することとされ、親などの保護を受けることができましたが、成年年齢が18歳に引き下げられると、親権者等による保護が受けにくくなるのではないかとの指摘があります。このため、成年年齢の引下げに向けた環境整備として、自立に困難を抱える18歳、19歳の方の自立を促すための施策も必要になると考えられます。この点についても、「民法の成年年齢の引下げについての最終報告書」において、指摘されています(Q3参照)。

第2 成年年齢の引下げに向けた環境整備　Q16

Q16 これまでに、消費者被害の拡大を防止するために、どのような施策が実施されてきたのですか。

A　1　消費者被害の拡大の防止に資する施策の一つとして、教育の面では、平成20年及び21年に改訂した現行の学習指導要領により、消費者教育、法教育、金融経済教育等の充実が図られ、小学校は平成23年度、中学校は平成24年度から全面実施され、高等学校は、平成25年度入学生から実施されています。また、平成29年及び30年に改訂した新しい学習指導要領においても、引き続き消費者教育等の充実を図っています。

　平成24年8月には、消費者教育の推進に関する法律が制定され、この法律に基づき、各都道府県等において、その地域の特性に応じた消費者教育の推進に関する施策について定める消費者教育推進計画の策定や、消費生活センターをはじめとする関係機関等で構成され、構成員相互間の情報交換や、消費者教育推進計画の作成等に関して意見を述べることを目的とする消費者教育推進地域協議会の設置が進められています。また、同法に基づいて平成25年6月に閣議決定され、平成30年3月に変更された「消費者教育の推進に関する基本的な方針」においては、消費者教育を消費者の特性や教育の場の特性に応じた方法で実施すること、特に、成年年齢の引下げに向けた環境整備の観点から、高等学校段階までに、主体的に判断し責任をもって行動することができる能力を育むことが基本的な方向性として示されています。

　平成30年2月20日には、成年年齢の引下げを見据え、実践的な消費者教育の実施に関する取組を関係省庁が緊密に連携して推進するため、消費者庁、文部科学省、法務省、金融庁の関係局長で構成する「若年者への消費者教育の推進に関する4省庁関係局長連絡会議」が設置され、この連絡会議で、「若年者への消費者教育の推進に

関するアクションプログラム」が決定されました。アクションプログラムは、平成30年度から平成32年度（2020年度）までの3年間を集中強化期間とし、①消費者庁が作成した高校生向け消費者教育教材「社会への扉」を全国の学校に提供して活用することを促し、全ての都道府県の全高校で「社会への扉」を活用した授業を実施することを目指すこと（なお、平成29年度には徳島県内の全ての高校で「社会への扉」を活用した授業が実施されました。）、②学校教育現場において実務経験のある外部講師の活用を推進するため、消費者教育コーディネーターを平成32年度（2020年度）までに都道府県等への配置を促進することなどが定められています。

2　制度的な対応としては、平成28年9月1日に消費者庁長官から、内閣府消費者委員会に対し、「民法の成年年齢が引き下げられた場合、新たに成年となる者の消費者被害の防止・救済のための対応策について」意見照会がされ、これを受けて、同委員会に「成年年齢引下げ対応検討ワーキング・グループ」が設置されました。このワーキング・グループは、関係省庁、関係団体等からのヒアリングを行った上で、平成29年1月10日、報告書を取りまとめました。この報告書は、民法の成年年齢の引下げを行う場合の望ましい対応策として、①若年成人の消費者被害の防止・救済のための制度整備、②消費者教育の充実等を求めています。

　消費者契約法の改正に向けて審議を進めていた内閣府消費者委員会消費者契約法専門調査会においては、ワーキング・グループの報告書等の内容も踏まえた検討がされ、第196回国会（平成30年通常国会）において、新たな取消権の創設等を内容とする消費者契約法の一部改正がされました（平成30年法律第54号）。この改正により、事業者が消費者契約の締結について勧誘をするに際し、①消費者が、社会生活上の経験が乏しいことから就職や進学等の社会生活上の重

要事項等について不安を抱いていることを知りながら、その不安をあおる告知をしたとき、②勧誘を行う者に対する消費者の恋愛感情等に乗じ、消費者契約を締結しなければ当該勧誘を行う者との関係が破綻することになる旨を告げたときなどには、消費者は、その消費者契約の申込み又は承諾の意思表示を取り消すことができることとなりました。これらの勧誘行為は、主として若年者に発生している消費者被害事例を念頭に置いて、新たに取消権の対象とされたものです。また、事業者の努力義務として、事業者が消費者契約の締結について勧誘をするに際しては、個々の消費者の知識及び経験を考慮した上で必要な情報を提供することが明示されました。

3 以上に加え、平成27年7月1日からは、消費者ホットラインが全国共通の3桁の電話番号188（いやや）になり、その周知が図られてきたほか、消費生活センター数の増加（平成21年度：501、平成29年度：830）などの取組も進められてきました。

> **Q17** これまでに、若年者の自立を促すような施策として、どのような施策が実施されてきたのですか。

A 1 成年年齢の引下げに関する議論を直接の契機とするものではありませんが、政府は、平成21年7月に成立し、平成22年4月に施行された「子ども・若者育成支援推進法」に基づき、若年者の育成支援施策の推進を図るため、平成22年7月、「子ども・若者ビジョン」を策定し、平成28年2月には、これに代えて「子供・若者育成支援推進大綱」を決定しました。このような方針の下で、例えば、①キャリア形成の支援、②困難を有する子供・若者への支援の推進、③相談体制の充実などの施策が進められてきました。

2 キャリア形成支援の具体的な内容としては、例えば、小学校からの起業体験や中学校の職場体験活動、高等学校におけるインターンシップの促進など、発達段階に応じた体系的なキャリア教育の推進、地域若者サポートステーション、わかものハローワーク等における、就職実現に向けて課題を抱える若者に対するきめ細かな就労支援等の実施、ひきこもり地域支援センター等におけるひきこもりの方に対する相談支援、訪問支援の実施などが挙げられます。地域若者サポートステーション（愛称：「サポステ」）では、厚生労働省が委託した若者支援の実績やノウハウがあるNPO法人等が、働くことに悩みを抱えている原則15歳～39歳の無業の若者に対し、キャリアコンサルタントなどによる専門的な相談、コミュニケーション訓練などによるステップアップ、協力企業への就業体験などにより、就労に向けた専門的支援を行っており、平成30年度は全国で175箇所に設置されています。

わかものハローワーク（支援コーナー等）は、正社員での就職を目

指す不安定就労の若者等（おおむね45歳未満）を対象に、就職支援ナビゲーターによる担当者制による個別支援などのきめ細かな就職支援を専門に行う、公共職業安定所です。平成30年4月1日時点で、「わかものハローワーク」は全国28箇所、「わかもの支援コーナー」等は全国206箇所にそれぞれ設置されています。

　また、ひきこもり地域支援センターは、ひきこもりに特化した専門的な第一次相談窓口であり、ひきこもりの状態にある本人や家族が、地域の中でまずどこに相談したらよいかを明確にすることによって、より適切な支援に結びつきやすくすることを目的としたものです。社会福祉士、精神保健福祉士、臨床心理士等ひきこもり支援コーディネーターを中心に、地域における関係機関とのネットワークの構築や、ひきこもり対策にとって必要な情報を広く提供するといった地域におけるひきこもり支援の拠点としての役割を担っています。平成30年4月1日現在で、全ての都道府県及び政令指定都市（67自治体、75箇所）に設置されています。

　3　困難を有する子供・若者への支援の内容としては、子ども・若者育成支援推進法を踏まえた、地方公共団体における「子ども・若者支援地域協議会」の設置、「子ども・若者総合相談センター」としての機能を担う体制の確保の推進などが挙げられます。子ども・若者支援地域協議会とは、社会生活を円滑に営む上での困難を有する子供・若者に対し、様々な機関がネットワークを形成し、それぞれの専門性を活かした支援を効果的かつ円滑に実施する仕組みとして、地方公共団体が設置する協議会をいい、平成30年9月30日時点で119の地方公共団体（都道府県41、政令指定都市14、その他市区町村64）で設置されています。また、子ども・若者総合相談センターとは、子供・若者育成支援に関する相談に応じ、関係機関の紹介その他の必要な情報の提供及び助言を行う拠点として地方公共団体が

その機能を担う体制を確保するよう努めるものとされているものです。平成30年9月30日時点で、84の地方公共団体（都道府県19、政令指定都市8、その他市区町村57）で設置されています。

　スクールカウンセラー・スクールソーシャルワーカーの配置も、困難を有する子供・若者への支援策の一つです。これは、児童生徒の心のケアや、児童生徒を取り巻く様々な環境に働き掛けるなどして教育相談体制の充実を図るものであり、平成29年度実績では、スクールカウンセラーが小中学校や高等学校など2万6337箇所に、スクールソーシャルワーカーが実人数で2041人配置されています。

　4　若者のための相談体制としては、上述の子ども・若者総合相談センターや地域若者サポートステーションの充実が図られています。

Q18 成年年齢の引下げに向けて、今後、どのようにして環境整備施策を実施していくのですか。

A 1　成年年齢の引下げに当たっては、消費者被害の拡大を防止するための施策や、若年者の自立を促すための施策など、様々な環境整備の施策が必要です。政府は、これまでも環境整備の施策に取り組んできました（Q16、Q17参照）が、改正法の施行に向けて今後も引き続き取り組む必要があり、とりわけ、改正法が成立した後施行までの間の取組が重要であると考えられます。

2　成年年齢の引下げを見据えた環境整備の推進は、複数の府省庁にまたがる問題であり、相互に関連するものであるため、政府一丸となって取り組むことが重要です。このような観点から、環境整備に関し、関係行政機関相互の密接な連携・協力を確保し、総合的かつ効果的な取組を推進するため、平成30年4月16日に、「成年年齢引下げを見据えた環境整備に関する関係府省庁連絡会議」（以下「連絡会議」といいます。）の第1回会議が開催されました。同年9月3日には、第2回会議が開催されたところであり、今後も継続的に開催していくことが予定されています。

3　この連絡会議は、法務大臣を議長、内閣官房副長官補を副議長、関係府省庁の局長級職員を構成員とするものであり、平成34年（2022年）4月1日の改正法の施行日までに、成年年齢の引下げの環境整備に向けた施策が十分な効果を発揮するよう、工程表を作成した上で、全体的な進捗管理を行っていくこととしています。

連絡会議のテーマは、若年者の消費者教育・消費者保護、若年者に対する与信審査、若年者自立支援、改正法の周知活動、成人式の時期や在り方などが挙げられますが、今後、連絡会議を継続的に開

催していく中で、項目を工程表に追加するなどし、必要なテーマに取り組んでいくこととしています。

[参考] 連絡会議の概要

成年年齢引下げを見据えた環境整備に関する関係府省庁連絡会議

- 今後の民法の成年年齢引下げを見据え、そのための環境整備に関し、関係行政機関相互の密接な連携・協力を確保し、総合的かつ効果的な取組を推進するため、成年年齢引下げを見据えた環境整備に関する関係府省庁連絡会議（以下「連絡会議」という。）を開催する。
- 成年年齢引下げを見据え、対応が必要とされる個別の施策について、目標に向けた進捗状況の管理をする。
- 進捗状況を踏まえ、特に、省庁横断で検討が必要な個別の論点については、重点的に検討する。

成年年齢引下げを見据えた環境整備に関する関係府省庁連絡会議

【構成】
議　長：法務大臣
副議長：内閣官房副長官補
構成員：関係府省庁の局長級

【趣旨】成年年齢引下げを見据え、環境整備が必要な個別施策の報告、所要の措置・進捗管理を行う

報告 ↑ ↓ 進捗管理

テーマの例

若年者の消費者教育・消費者保護について
【主な論点】
- 学習指導要領の徹底
- 消費者教育教材の開発、手法の高度化
- 実務経験者の学校教育現場での活用
- 教員の養成・研修
- 大学等における消費者教育の推進
- 若年者の消費者被害の状況等の把握、これを踏まえた対応　等

若年者自立支援について
【主な論点】
- 困難を有する子供・若者への支援
- 自立支援の充実
- キャリア形成支援
- 学生アルバイトの労働条件確保対策、労働法に関する教育、周知啓発
- アダルトビデオ出演強要問題に関する対策の推進　等

与信審査について
【主な論点】
- 若年者に対する返済能力、支払可能見込額の調査を一層適切に行う取組を推進　等

改正民法の周知活動について
【主な論点】
- 適切な周知方法の検討
- 若年者との意見交換の実施
- 国民への浸透度の調査、調査結果の分析、活用　等

成人式の時期や在り方について
【主な論点】
- 成人式の時期や在り方等について関係者との意見交換を実施
- 関係者の意見や各自治体の検討状況を取りまとめ、それらの情報を発信　等

第3 成年年齢引下げと養育費との関係

Q19
離婚した夫婦の一方が、改正法の施行日より前に、他方に対して「子が成年に達するまで養育費として月額○○円を支払う」と合意をしていた場合や、改正法の施行日前に確定した審判によって養育費について同様の内容が定められていた場合に、養育費の支払期間の終期はどうなりますか。
成年年齢の引下げは、養育費に関する施行日後の実務にどのような影響を与えると考えられますか。

A　1　いわゆる養育費とは、経済的に自立していない子の養育を目的として給付される金銭です。その根拠としては、民法第760条の婚姻費用、同法第766条第1項の子の監護に要する費用又は同法第877条第1項の扶養義務が挙げられます。

2　改正法の施行日前に、養育費の支払期間の終期について「子が成年に達するまで」と合意されていた場合に、その時点では子が20歳になるまで支払うことを意味していますが、改正法によって成年に達する年齢が18歳に引き下げられると、養育費の支払期間の終期もこれに伴って18歳までに変更されるのかが問題になります。
　これは、「子が成年に達するまで」という文言をどのように解釈するかの問題ですが、この解釈に当たっては、合意が成立した時点での当事者の意思を推測することになります。合意の解釈は最終的には裁判所によって個別の事案ごとにされることになりますが、一般的には、合意当時の成年年齢は20歳だったわけですから、合意の当時から成年年齢の改正があることを想定し、それに連動させる意思

を有していたという例外的な場合を除くと、「成年に達する」というのは「20歳に達する」という意味を表現するために用いられたと解釈するのが自然だと思われます。

　また、当事者は、予測される子の監護の状況、子に受けさせたい教育の内容、子が経済的に自立すると予測される時期等の事情を考慮して、その後どれだけの期間養育費を支払う必要があるかを定めたと考えられますが、成年年齢を18歳に引き下げるという法改正があったとしても、当事者が養育費の支払期間を合意する前提として考慮した上記の各事情が変わるわけではありません。そのため、その後に成年年齢が変動したことを理由として養育費の支払期間が繰り上げられることは、当事者の意思に合致しないことが多いと考えられます。

　したがって、一般的には、「成年に達するまで」という表現で合意がされていた場合であっても、合意当時の当事者の意思は、当時の成年年齢である20歳まで養育費を支払うというものであった場合が多いと考えられます。

　なお、既にされた合意の解釈については上記のとおりですが、仮に、今後、新たに養育費に関する合意をするのであれば、支払期間について紛争が生じないよう、「子が22歳に達した後に初めて到来する3月まで」など、支払期間の終期が一義的に明らかになるように定めることが望ましいといえます。

　3　また、法改正前に既に確定している養育費の審判で、「成年に達するまで」としているものについても、当事者間でその内容に争いが生じた場合には、最終的には裁判所がこの文言を解釈することによって解決することになりますが、基本的には、上記2で施行日前の合意に関して述べたところがほぼ当てはまるものと考えられます。したがって、審判確定時の成年年齢である20歳まで養育費を支

払うというのが審判の内容であったと判断されるケースが多いと考えられます。

　4　以上に対し、改正法が施行された後にされる審判については、最終的には家庭裁判所の個別の判断に委ねられるものですから、家庭裁判所の実務がどのようになっていくのかを予測することには困難な面があります。もっとも、一般論としていえば、養育費の存否及び具体的内容は、子が自ら稼働して経済的に自立することを期待することができない場合に、両親の経済状況等の個別の事情を踏まえて判断されるものであり、その支払義務は、必ずしも子が未成年である場合に限定されるものではありません。成年年齢に達しているかどうかが必ずしも決定的な要素ではないため、成年年齢が引き下げられたからといって、養育費の支払期間についての実務が当然に変わるわけではありません。

　むしろ、大学への進学が子の教育方法として一般的なものとなっている一方で、大学在学中の子が自ら稼働して経済的に自立することを期待することは困難であることからすると、大学在学中の子については、子を監護していない方の親が養育費の支払義務を負う場合も少なくないと考えられます。このようなことに照らせば、子が大学に進学することを希望しており、かつ、その能力もあると認められるなど、子の大学進学の可能性が高いと認められる場合であって、子を監護していない方の親が子の大学進学を承諾しているか、十分な資力があるなど、その親に大学進学後の子の養育費を負担させることが相当と認められるときには、たとえば、子が一般に大学を卒業する年齢である22歳に達した後に初めて到来する3月まで養育費の支払を命じられることもあり得るものと考えられます。

第3章 婚姻開始年齢

Q20 女性の婚姻開始年齢を18歳に引き上げるのはなぜですか。

A 1 現行法において、婚姻開始年齢(婚姻をすることができる最低年齢)は、男性が18歳、女性が16歳と定められており(改正前民法第731条)、男女で2歳の差異が設けられていますが、改正法により、女性の婚姻開始年齢が18歳に引き上げられることになります。

2 現行法において婚姻開始年齢に男女差が設けられているのは、男女間で心身の発達に差異があるためであるとされています。しかし、社会・経済の複雑化が進展した今日では、婚姻開始年齢の在り方に関しても、社会的、経済的な成熟度をより重視すべき状況になっていると考えられます。そして、社会的・経済的な成熟度といった観点からは、男女間に特段の違いはないと考えられることから、婚姻開始年齢における男女の取扱いの差異を維持することは、もはや相当でないと考えられ、男女の婚姻開始年齢をそろえるのが相当であると考えられます。

3 その上で、現在の日本社会は、現在の婚姻開始年齢が定められた戦後直後と比較しても、社会・経済の高度化・複雑化が進展しており、若年者が婚姻し、夫婦として共同生活を営むに当たって要求される社会的・経済的成熟度は格段に高度化しているものと考えられます。高校進学率が98%を超えており、その大半は卒業してい

るという現状に鑑みると、婚姻をするには、少なくとも18歳程度の社会的・経済的成熟を要求することが適当であるものと考えられます。そこで、女性の婚姻開始年齢を引き上げることにより、18歳で男女の婚姻開始年齢をそろえることとしたものです。

4　平成8年2月26日に法制審議会総会において決定された「民法の一部を改正する法律案要綱」(答申)においても、女性の婚姻開始年齢を18歳に引き上げるべきであるとされていました。さらに、法制審議会民法成年年齢部会が平成21年に取りまとめた「民法の成年年齢の引下げについての最終報告書」においても、成年年齢を18歳に引き下げるのであれば、女性の婚姻開始年齢を18歳に引き上げるべきであるとの指摘がされています。

5　なお、我が国は、国際社会において、国連の自由権規約委員会から平成20年(2008年)に男女の婚姻開始年齢の差異を解消することを求められたほか、女子差別撤廃委員会からは平成21年(2009年)と平成28年(2016年)に、児童の権利委員会からは平成22年(2010年)に、婚姻開始年齢を男女ともに18歳とすることを求められていました。今回の改正は、条約に基づいて設置されたこれらの委員会からの勧告にも応えるものになっています。

第3章 婚姻開始年齢

Q21 16歳、17歳で婚姻する女性は1年間に何人いるのですか。

A 人口動態調査の結果によれば、平成29年に婚姻をした16歳の女性は247名、また、17歳の女性は797名であり、16歳と17歳の女性(115万5000人)のうち、約0.09%が婚姻をしていることとなります。

また、年代ごとの推移でみると、16歳と17歳の女性の婚姻数の合計は、昭和30年には3818名、昭和55年には2960名、平成17年には2510名、平成22年には1698名、平成27年には1357名となっており、徐々に減少しつつあるといえます。

[参考] 1955年以降の16歳、17歳の女性の婚姻数の推移等

年	女性の婚姻総数	16歳の婚姻数	17歳の婚姻数	16歳と17歳の婚姻数合計	婚姻総数に占める割合	16歳、17歳の女性の数	16歳、17歳の女性の婚姻割合
1955	437,988	855	2,963	3,818	0.8717%		
1960	579,908	706	2,320	3,026	0.5218%		
1965	720,275	811	3,297	4,108	0.5703%		
1970	855,360	695	2,651	3,346	0.3912%		
1975	829,539	767	2,107	2,874	0.3465%		
1980	694,447	805	2,155	2,960	0.4262%		
1985	667,488	954	2,500	3,454	0.5175%		
1990	653,415	774	2,259	3,033	0.4642%		
1995	791,888	773	2,144	2,917	0.3684%		
1996	795,080	746	2,090	2,836	0.3567%	1,666,000	0.1702281%
1997	775,651	718	2,163	2,881	0.3714%	1,524,000	0.1890420%
1998	784,595	861	2,386	3,247	0.4138%	1,485,000	0.2186532%
1999	762,028	911	2,453	3,364	0.4415%	1,475,000	0.2280678%
2000	798,138	1,040	2,744	3,784	0.4741%	1,465,000	0.2582935%
2001	799,999	1,017	2,830	3,847	0.4809%	1,430,000	0.2690210%
2002	757,331	1,040	2,666	3,706	0.4894%	1,372,000	0.2701166%

2003	740,191	888	2,337	3,225	0.4357%	1,329,000	0.2426637%
2004	720,417	845	2,126	2,971	0.4124%	1,299,000	0.2287144%
2005	714,265	686	1,824	2,510	0.3514%	1,258,000	0.1995231%
2006	730,971	676	1,922	2,598	0.3554%	1,225,000	0.2120816%
2007	719,822	579	1,737	2,316	0.3217%	1,195,000	0.1938075%
2008	726,106	626	1,730	2,356	0.3245%	1,181,000	0.1994920%
2009	707,734	545	1,483	2,028	0.2865%	1,170,000	0.1733333%
2010	700,214	447	1,251	1,698	0.2425%	1,251,000	0.1357314%
2011	661,895	456	1,297	1,753	0.2648%	1,192,000	0.1470638%
2012	668,869	435	1,287	1,722	0.2574%	1,172,000	0.1469283%
2013	660,613	403	1,283	1,686	0.2552%	1,161,000	0.1452196%
2014	643,749	343	1,196	1,539	0.2391%	1,168,000	0.1317637%
2015	635,156	327	1,030	1,357	0.2136%	1,177,000	0.1152931%
2016	620,531	290	891	1,181	0.1903%	1,167,000	0.1011997%
2017	606,866	247	797	1,044	0.1720%	1,155,000	0.0903896%

注）1990年以前のデータについては、同居開始時の年齢を記載しているため（それ以降は届出時の年齢)、参考値にとどまる。

また、1990年以前のデータについては、16歳の婚姻件数に15歳未満（同居開始時の年齢のため）の件数も含んでいる。

16歳、17歳の女性の数は人口推計（法務省統計局）による。

52　第3章　婚姻開始年齢

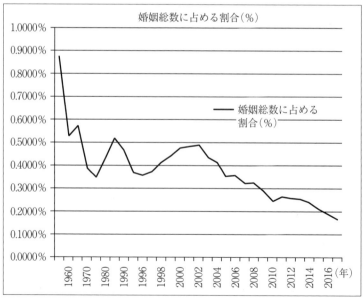

Q22 婚姻開始年齢の歴史的経緯は、どのようなものですか。また、諸外国の婚姻開始年齢はどのようなものですか。

A 1 我が国において初めて婚姻開始年齢が定められたのは、民法の親族編が制定された明治31年です(注1)。当時は、婚姻開始年齢は、男性が17歳、女性が15歳とされていました（当時の民法第765条）。このように定められた理由については、従来の早婚の弊害を改めるために、外国の統計と学者の意見を参照して、医科大学が研究の結果適当と認めた最低年齢であるといわれています。

それ以前には、旧民法（明治23年法律第98号。未施行のもの。）も含め、婚姻開始年齢についての規定は存在していませんでした。もっとも、明治18年に愛媛県が12歳未満者の婚姻届を受理すべきか内務省に伺い出たのに対し、「婚姻年齢ニ制限無之ト雖モ幼年ノ者ハ可成結婚セシメザル様注意スベシ」と訓示した例があります。

その後、昭和22年の民法改正により、婚姻開始年齢については、男性が18歳、女性が16歳と、それぞれ1歳ずつ引き上げられました。その理由については、当時の経済生活において個人が実際に独立して生活し得る年齢が高まり、その高められた年齢を超えたものでなければ結婚の責任をとることができないと考えられるためであるなどと説明されています。

2 諸外国をみると、アメリカ、イギリス、ドイツ、フランス、イタリア、カナダなど、日本を除くG7各国では、婚姻開始年齢に男女差を設けていません（ただし、アメリカ、カナダは、州法により婚姻開始年齢を規定しており、全ての州の調査を行ったわけではありません。）。ドイツ、フランス、イタリア、韓国などでは、過去に婚姻開始

年齢につき男女差を設けていましたが、現在では撤廃しています[注2]。

現在も男女差を設けている国としては、インド、中国などがあります[注3]。

(注1) 民法が制定された明治29年当初は、第1編総則、第2編物権、第3編債権が制定され、第4編親族と第5編相続は、明治31年に制定されました（施行は、第1編から第5編までいずれも明治31年）。

(注2) ドイツでは、男性21歳、女性16歳の婚姻開始年齢を1974年に改正し、男女とも18歳に改めました（1975年施行）。フランスでは、男性18歳、女性15歳の婚姻開始年齢を2006年に改正し、男女とも18歳に改めました。イタリアでは、男性16歳、女性14歳の婚姻開始年齢を1975年に改正し、男女とも18歳に改めました。韓国では、男性18歳、女性16歳の婚姻開始年齢を2007年に改正し、男女とも18歳に改めました（国立国会図書館調査及び立法考査局「主要国の各種法定年齢　選挙権年齢・成人年齢引下げの経緯を中心に」(2008年12月))。

(注3) インドの婚姻開始年齢は男性が21歳、女性が18歳とされています。また、中国の婚姻開始年齢は、男性が22歳、女性が20歳とされています。

Q23 女性の婚姻開始年齢を引き上げるとしても、女性が妊娠している場合には例外的に婚姻をすることができるような制度を設ける必要はないのですか。

A 1 諸外国には、婚姻開始年齢に達していなくても、女性が妊娠した場合などには例外的に婚姻をすることができるような制度を設けている国もあるようです。しかし、

① 婚姻開始年齢が設けられた趣旨は、肉体的、精神的、社会的又は経済的に未熟な段階での婚姻は当事者の福祉に反するおそれがあることから、健全な婚姻をする能力を欠くと考えられる若年者の婚姻を禁じ、若年者を保護することにありますので、妊娠をした場合には若年者であっても婚姻をすることが認められることとすると、若年者保護という法の趣旨に反することになると考えられること、

② 妊娠・出産をした場合については、婚姻準正の制度(注1)により、例外を設けないことによる弊害を一定程度回避することができること、

③ 妊娠・出産をした場合に女性の婚姻開始年齢につき例外を設けるとした場合には、その婚姻の相手方である男性の婚姻開始年齢についても例外を設ける必要がないか慎重に検討する必要があると考えられること

などから、改正法では、妊娠・出産をした場合などには例外的に婚姻開始年齢に達しなくても婚姻をすることができるような制度は、設けないこととしています。

2 なお、平成3年以降、婚姻制度について検討を行った法制審議会民法部会身分法小委員会においても、女性が妊娠・出産した場合に限って18歳未満での婚姻を認めるべきではないかという点に

ついて検討が行われましたが、同小委員会においても、上記の理由などから、婚姻開始年齢に例外を設けるべきではないという結論に至っています[注2]。

　（注1）婚姻準正の制度等
　妊娠・出産した場合においても婚姻をすることができないとなると、生まれてくる子どもが嫡出でない子となるという問題が生じます。
　もっとも、「父が認知した子は、その父母の婚姻によって嫡出子の身分を取得する。」（民法第789条第1項）とされており（婚姻準正）、その後、父母の共同親権に服することになりますし（同法第818条第3項）、戸籍窓口に届出するのみで父母の氏を名乗ることができる（同法第791条第2項、戸籍法第98条）こととされています。また、父の認知があれば、父母の婚姻前においても、民法上、父と子との間で親子関係があることには変わりなく、父は子に対して養育費の支払義務があること（同法第788条、第766条第1項）は嫡出子と同様です。
　他方、16歳、17歳の女性が出産した子で、何らかの理由で婚姻準正が得られなかった子は、嫡出でない子のままとなりますが、平成25年に嫡出でない子の相続分に関する民法第900条第4号の改正がされたことに伴い、嫡出子と嫡出でない子とで取扱いが異なるのは、父子関係の発生に認知が必要であるという点を除けば、嫡出子は父母の氏を称し、父母の親権に服するのに対し（同法第790条第1項、第818条第1項）、嫡出でない子は母の氏を称し、父母の一方の親権に服する（同法第790条第2項、第819条第4項）という点に限られますし、嫡出子も、父母が離婚をすれば父母の氏が異なるものとなり得ることから、父母の一方のみの氏を称することになる場合があり、また、父母の一方の親権にしか服しないことになる点で、嫡出でない子と異なるところはありません。したがって、16歳、17歳の女性が出産した子で、その後婚姻準正も得られない子が、結果的に嫡出子の身分を得られなかったとしても、法的取扱い上は大きな差異はないといえます。
　（注2）平成8年の法制審議会における検討内容
　法制審議会民法部会身分法小委員会においては、以下の理由から、婚姻開始年齢の例外を設けないこととしたものとされています（法務省民事局参事官室「婚姻制度等に関する民法改正要綱試案の説明」12頁）。

① 社会的・経済的成熟度の重視・男女平等という基本的立場との関係で一貫性を欠く。
② 一般に、低年齢での婚姻は離婚に至る割合が高い。
③ 18歳未満での婚姻も一定数あるが、当事者や当事者間の子の福祉に合致するか疑問であり、あえてこれを認める必要はなく、婚姻開始年齢が引き上げられれば、それを前提に婚姻意思が形成されると思われ、過渡的な問題があるにすぎない。
④ 国家機関が例外事由について判断するとした場合、成熟度の判断基準を見いだすのは難しい。

Q24 成年年齢を18歳に引き下げ、女性の婚姻開始年齢を18歳に引き上げることに伴い、未成年者の婚姻に対する父母の同意や、婚姻による成年擬制の規定は、どうなりますか。

A 民法の成年年齢を18歳に引き下げるとともに、婚姻開始年齢を男女とも18歳とすることにより、法律上、未成年者が婚姻をするという事態は生じないことになります。そこで、未成年者が婚姻をする際には父母の同意を得なければならない旨を定めた規定（改正前民法第737条）や、未成年者が婚姻をした場合には、これによって成年に達したものとみなす旨を定めた規定（同法第753条）は、削除することとしています。

［参照条文］

改　正　後	改　正　前
（成年） 第四条　年齢<u>十八歳</u>をもって、成年とする。	（成年） 第四条　年齢二十歳をもって、成年とする。
（婚姻適齢） <u>第七百三十一条　婚姻は、十八歳にならなければ、することができない。</u>	（婚姻適齢） 第七百三十一条　男は、十八歳に、女は、十六歳にならなければ、婚姻をすることができない。
<u>第七百三十七条　削除</u>	（未成年者の婚姻についての父母の同意） 第七百三十七条　未成年の子が婚姻をするには、父母の同意を得なければならない。 2　父母の一方が同意しないときは、他の一方の同意だけで足りる。

	父母の一方が知れないとき、死亡したとき、又はその意思を表示することができないときも、同様とする。
（婚姻の届出の受理） 第七百四十条　婚姻の届出は、その婚姻が第七百三十一条から<u>第七百三十六条</u>まで及び前条第二項の規定その他の法令の規定に違反しないことを認めた後でなければ、受理することができない。	（婚姻の届出の受理） 第七百四十条　婚姻の届出は、その婚姻が第七百三十一条から<u>第七百三十七条</u>まで及び前条第二項の規定その他の法令の規定に違反しないことを認めた後でなければ、受理することができない。
第七百五十三条　削除	（婚姻による成年擬制） 第七百五十三条　未成年者が婚姻をしたときは、これによって成年に達したものとみなす。

第4章 養親年齢

Q25 養親年齢を20歳のまま維持することとしているのはなぜですか。

A 1　現行法においては、「成年に達した者」は、養親として養子縁組をすることができるとされており（改正前民法第792条）、養親年齢と成年年齢はいずれも20歳です。そして、改正法においては、成年年齢は18歳に引き下げる一方で、養親年齢は20歳を維持することとしています。

2　成年年齢は、若年者が親の監督や保護を離れて、自ら単独で契約等の法律行為をするのに適した年齢を定めているのに対し、養親年齢は、他人の子を法律上自己の子とし、これを育てるのに適した年齢を定めているものですから、必ずしもこれらを一致させる必要はないと考えられます。

　法制審議会民法成年年齢部会においては、養親年齢について、①成年年齢と同様に18歳に引き下げる、②現状維持とする、③現状よりも引き上げるという3つの方策が議論されました。その結果、養親になることは、他人の子を法律上自己の子として育てるという重い責任を伴うものであること等を考慮すると、養親年齢を18歳に引き下げることは適切でないと考えられること、現状の20歳とする制度で特段不都合が生じていないことを理由として、上記②の現状維持とする考え方が採用されることとなりました。

　また、諸外国においても、私法上の成年年齢よりも養親年齢を高く設定している国が多く見られます。例えば、イギリス、フランス、

ドイツ、及びスペインの成年年齢はいずれも18歳ですが、養親年齢は、イギリスは21歳、フランスは28歳、ドイツとスペインは25歳となっています。

3 以上から、改正法は、養親年齢は20歳とする現状を維持することとし、改正前民法第792条の「成年に達した者」という文言を「二十歳に達した者」に改正することとしています。

改　正　後	改　正　前
（養親となる者の年齢） 第七百九十二条　二十歳に達した者は、養子をすることができる。	（養親となる者の年齢） 第七百九十二条　成年に達した者は、養子をすることができる。
（養親が二十歳未満の者である場合の縁組の取消し） 第八百四条　第七百九十二条の規定に違反した縁組は、養親又はその法定代理人から、その取消しを家庭裁判所に請求することができる。ただし、養親が、二十歳に達した後六箇月を経過し、又は追認をしたときは、この限りでない。	（養親が未成年者である場合の縁組の取消し） 第八百四条　第七百九十二条の規定に違反した縁組は、養親又はその法定代理人から、その取消しを家庭裁判所に請求することができる。ただし、養親が、成年に達した後六箇月を経過し、又は追認をしたときは、この限りでない。

Q26

18歳、19歳の者は、これまでは婚姻による成年擬制により養親となることができましたが、今後は養親となることはできなくなるのですか。

A 1 現行法においては、「成年に達した者」は養親として養子縁組をすることができるとされています（改正前民法第792条）。婚姻をしたことにより成年に達したとみなされた者（成年擬制者）が「成年に達した者」として養親の立場で養子縁組をすることができるかどうかについては、学説上争いがあり、確立した判例法理もありませんが、現在の戸籍実務は、成年擬制者も養親として養子縁組をすることができるという解釈を前提に運用されています（昭和23年10月23日民事甲第1994号民事局長回答）。しかし、改正法により、民法第792条は、「二十歳に達した者」は養親として養子縁組をすることができると改められることになったため、20歳未満の者は、婚姻をしたとしても、養親として養子縁組をすることができないこととなります。

2 今般の改正は、養親として養子縁組をすることは他人の子を自己の子として育てるという重い責任を負うものであること等を考慮すると、養親年齢を18歳に引き下げることは適切でないと考えられることから、成年年齢の引下げにかかわらず、養親年齢について、20歳を維持することとしたものです（Q25参照）。

改正前民法上、20歳未満の者が婚姻によって成年に達したものとみなされる趣旨は、未成年者を親権から解放することによって、婚姻生活の独立性を認めるためであるとされており、婚姻によって成熟度が高まることを理由とするものではありません。18歳、19歳の者は、婚姻したからといって直ちに成熟度が高まるわけではありませんから、養親年齢を20歳以上と規定した趣旨からして、婚姻して

も養親として養子縁組をすることができないとするのが相当であると考えられます。

　そこで、今般の改正においては、18歳、19歳の者は婚姻したとしても養親として養子縁組をすることができないこととしたものです。

Q27 特別養子縁組における養親年齢は変更されないのですか。

A 1 民法第817条の4は、特別養子縁組に関し、原則として、25歳に達しない者は、養親となることができない旨を規定しています。これは、特別養子縁組が、実方の血族との親族関係が終了するという効果を生じさせるものであり、離縁も困難なものであることから、親として、より安定していることが望ましいため、普通養子縁組よりも高い25歳を最低年齢としたものです。このような特別養子縁組における養親年齢の趣旨からすれば、成年年齢の引下げに伴って、これを変更する必要はないと考えられます。このため、改正法は、特別養子縁組における養親年齢については、改正していません。

2 なお、民法第817条の4ただし書は、特別養子縁組における養親年齢の例外的な要件として、養親となる夫婦の一方が25歳に達していない場合においても、その者が20歳に達しているときは、特別養子縁組をすることができる旨を規定しています。成年年齢の引下げに伴い、この例外的な年齢要件についても、20歳から変更する必要があるかどうかが別途問題となり得ます。

しかし、改正法は、普通養子縁組についても、養親として養子縁組をすることは他人の子を法律上自己の子として育てるという重い責任を伴うことであることを理由に、養親年齢を20歳で維持することとしています（**Q26**参照）。このことからすれば、特別養子縁組における例外的な年齢要件についても、20歳から引き下げることは相当ではないものと考えられます。

3 以上から、特別養子縁組における養親年齢は、25歳という原

則的な要件と 20 歳という例外的な要件のいずれについても、改正しないこととしたものです。

第5章 施行日、経過措置

Q28　改正法の施行日はいつですか。

A　1　改正法の施行日は、平成34年（2022年）4月1日とされています（改正法附則第1条本文）。

　施行日がこのように定められたのは、次のような考慮に基づくものです。まず、改正法による成年年齢の引下げは、18歳、19歳の若年者本人やその親権者のみならず、国民一般の生活に広く影響を及ぼすものですから、その改正内容や、これに伴う具体的な影響などについて、十分な周知を図る必要があります。また、改正に向けて、若年者の自立を促し、消費者被害の拡大を防ぐための若年者教育等の施策など、成年年齢の引下げの環境整備を行っていく必要があります（**Q15**参照）が、これらの施策は、改正法の成立後その施行までの間は、それ以前よりも一層的確に効果を発揮するものと期待されます。これらのこと等を考慮すると、改正法の施行までの期間としては、少なくとも3年以上を確保する必要があると考えられます。

　平成28年9月に実施したパブリックコメント手続（**Q7**参照）においても、施行までに少なくとも3年以上の期間を確保した上で、その間に効果的な周知を行うよう要望する意見が多数寄せられています。

　2　成年年齢の引下げが国民一般の生活に影響を及ぼすものであることからすると、その施行日は、国民にとって分かりやすく区切りのよい日で、できる限り国民生活に支障を与えない日を選ぶこと

が必要であり、また、確定日をもって簡明に定めるのが適切であると考えられます。前述のパブリックコメント手続においては、学校教育の現場への影響等を考慮して、新しい年度の始まりである4月1日を施行日とするべきであるとの意見が多数寄せられました。

3 以上のような事情を踏まえ、第196回国会（平成30年通常国会）で改正法が成立してから3年以上の期間を確保することができる最初の4月1日として、改正法では、平成34年（2022年）4月1日を施行日とすることとしたものです（改正法附則第1条本文）。

Q29 成年に関する経過措置はどのようなものですか（改正法附則第2条関係）。

A 　1　改正法の施行の際、すなわち平成34年（2022年）4月1日の午前0時に18歳に達していない者には、改正後民法第4条の規定が適用され、18歳に達した時に成年に達することになることとされています（改正法附則第2条第1項）。

　これによれば、改正後民法第4条の適用があるかどうかは改正法の施行の際に18歳に達していたかどうかによることになりますが、これは、明治35年法律第50号（年齢計算ニ関スル法律）に従って判断されます。同法第1項は、年齢は出生の日から起算する旨を規定していますので、初日を参入して期間を計算します。また、同法第2項が準用する民法第143条は、年によって期間を定めた場合には、期間はその起算日に応当する日の前日に満了する旨を定めています。以上から、人の年齢は、その起算日に応当する日の前日が満了する時点、すなわち、誕生日の前日の午後12時に加算されるものと解されています。一例を示すと、平成30年7月20日に生まれた子は、平成31年（2019年）7月19日午後12時に満1歳になります。

　以上を踏まえると、平成16年4月1日生まれの方は平成34年（2022年）3月31日午後12時に18歳に達していますから、改正法の施行の際には既に18歳に達していることになります。平成16年4月2日以降に生まれた方は、改正法の施行の際、すなわち平成34年（2022年）4月1日午前0時に18歳に達していないので、18歳の誕生日の前日の午後12時に成年に達することになります。

　2　次に、改正法の施行の際に18歳以上20歳未満の者のうち婚姻によって成年に達したとみなされた者以外の者は、施行日である平成34年（2022年）4月1日（の午前0時）に成年に達することとさ

れています（改正法附則第2条第2項）。上記の年齢計算ニ関スル法律に従えば、平成14年4月2日以降平成16年4月1日以前に生まれた方が、改正法の施行の際に18歳以上20歳未満であることになります。

3　改正法の施行の際に既に20歳に達していた者（平成14年4月1日までに生まれた方）は、施行日前は、改正前民法第4条に基づき、20歳に達した時点で成年に達したと扱われました。しかし、改正法により、20歳に達した時点で成年に達したとする根拠規定が失われることになるため、成年に達した時点が不明確となるおそれがあります。そこで、改正法附則第2条第1項は、改正後民法第4条の規定は施行日以後に18歳に達する者について適用することとし、本改正法の施行の際に20歳以上の者の成年に達した時についてはなお従前の例によることとしています。

4　施行日前に未成年で婚姻をした方は、その時点で成年に達したものとみなされており、施行日後もこの扱いを変更すべきではないと考えられます。しかし、改正法によって改正前民法第753条が削除されるため、成年擬制の根拠規定が存在しないことになります。そこで、施行日前に婚姻をし、成年に達したものとみなされた者については、改正法の施行後も、なお従前の例により当該婚姻の時に成年に達したものとみなすこととしています（改正法附則第2条第3項）。

なお、施行日に16歳以上である女性は、改正法の施行後も18歳未満で婚姻をすることができます（改正法附則第3条第2項。**Q32**参照）。この場合には、改正前民法第753条の規定がなお効力を有することとされています（改正法附則第3条第3項）ので、18歳未満であっても婚姻によって成年に達したものとみなされることになります。

Q30 施行日前に18歳以上20歳未満の者がした法律行為は、施行日後も取り消すことができるのですか。

A 改正後民法第4条の規定は、遡及的に適用されるわけではありませんので、施行日前に18歳に達した方も、18歳に達した時点にさかのぼってその時点で成年に達していたことになるわけではありません。

改正法は、附則第2条第1項・第2項で、施行日前に既に成年に達していた者も含め、全ての人について成年に達する時点を明示するための規定を設けています（Q29参照）。この規定によれば、成年に達するのは、20歳に達した時（施行の際に既に20歳に達していた方）か、施行日以後（施行の際に20歳未満の方）のいずれかですので、施行日前に、その時点で18歳以上20歳未満だった人が法律行為をしたとしても、法律行為をしたのは、その行為をした人が成年に達する時より前の時点になります。そのため、施行日前に18歳以上20歳未満の者がした法律行為は、施行日後も、引き続き未成年者がした法律行為と取り扱われることになり、改正法の施行後も取り消すことができると考えられます。

Q31 施行日前に20歳未満の者がした法律行為の取消権の消滅時効期間の起算日はいつですか。

A 1 取消権は、①追認をすることができる時から5年間行使しないとき、又は②取り消すことができる行為の時から20年を経過したときは、時効によって消滅することとされています(民法第126条)。このうち、②については、改正法による影響はありません。

一方、①の「追認をすることができる時」とは、取消しの原因となっていた状況が消滅し、かつ、取消権者が取消権を有することを知った時です(民法第124条第1項)ので、施行日前に20歳未満の者がした行為を、行為者自身が未成年者の行為であることを理由として取り消す場合には、その未成年者取消権の消滅時効期間の起算点は、その者が成年に達し、取消権を行使することができることを知った時から起算されることになります。そして、これまでは20歳で成年に達することとされていましたが、改正法によって成年に達するのが18歳に達した時点に変わりますので、消滅時効期間の起算点が変わってくる可能性があります。

2 具体的に検討すると、次のとおりです(以下では、未成年者取消権を行使することができることを行為者が知っていたことを前提としています。)。

まず、施行日前に20歳未満で法律行為をした者が施行日前に成年に達していた場合には、成年に達した時点が未成年者取消権の消滅時効期間の起算点となります。この場合は、改正法による影響はありません。

次に、改正前に20歳未満で法律行為をした者が、改正法の施行の際に18歳以上20歳未満であった場合には、改正法の施行の日に成

年に達し(**Q29**参照)、これによって取消しの原因となっていた状況が消滅しますので、この時点から(すなわち、施行日である平成34年(2022年)4月1日から)、未成年者取消権の消滅時効期間が起算されることになります。

また、法律行為をした者が改正法施行の際に18歳未満であった場合には、その者が18歳に達した時点で成年に達し、取消しの原因となっていた状況が消滅しますので、その時から未成年者取消権の消滅時効期間が起算されることになります。

Q32 婚姻に関する経過措置はどのようなものですか（改正法附則第3条関係）。

A 改正法では、改正法の施行の際に16歳に達していた女性(注1)については、18歳未満であってもなお婚姻することができる旨の経過措置を設けています（改正法附則第3条第2項）。これは、改正法施行の際に16歳に達している女性の中には、18歳に達する日までに婚姻をすることを予定している方が存在することも想定されるところであり、改正法の施行によりその予定を妨げることは相当でないという考慮に基づくものです(注2)。

(注1) 具体的には、平成16年4月2日から平成18年4月1日までに生まれた女性です。
(注2) 法制審議会の答申
平成8年2月26日法制審議会総会において決定された「民法の一部を改正する法律案要綱」（答申）においても、同様の経過措置を設けることとされていました。

Q33 養子縁組に関する経過措置はどのようなものですか（改正法附則第4条関係）。

A 改正法は、養親年齢についての民法第792条の表現を「成年に達した者」から「二十歳に達した者」に改めることとしています（Q25参照）。このような改正をした結果、婚姻をしたことにより成年に達したものとみなされた方（成年擬制者）が、施行日前に、20歳未満で養親として養子縁組をしていた場合には、養子縁組の時点では「成年に達した者」がした養子縁組として適法であったにもかかわらず、施行日後は、「二十歳に達した者」がした養子縁組ではないとして、取消事由（改正後民法第804条）が存在すると解される余地があります。

そこで、養親となる者が成年に達していないことを理由とする養子縁組の取消しについては、改正前の規定が適用されることとして、施行日前に20歳未満の成年擬制者がした養子縁組が施行日後も適法な養子縁組であることを明らかにしています（改正法附則第4条）。

第6章 関係法律の整備

第1 総論

Q34 改正法による関係法律の整備の概要はどのようなものですか。

A 1　民法の成年年齢は、民法以外の様々な法律において、各種の資格を取得したり行為をしたりするための年齢要件として用いられています。また、「成年」という文言を用いているわけではありませんが、民法の成年年齢と同じ20歳を年齢要件としている法律もあります。民法の成年年齢の引下げに当たっては、これらの他法令における年齢要件も引き下げるか否かが問題になり、それぞれの法律の所管省庁において、それぞれの法律の趣旨に基づいてその検討が行われました。その結果などを踏まえ、改正法は、民法のほか、附則において、年齢要件に関する規定の改正を中心に、国籍法、性同一性障害者の性別の取扱いの特例に関する法律など、合計22の法律の改正を行っています。

2　なお、年齢要件を定めるに当たって「成年」、「未成年者」などの文言を用いている法律について、年齢要件の実質を20歳から18歳に引き下げる場合には、改正法によって「成年」「未成年」という文言の意味が変更されるため、改正は不要です。例えば、司法書士法第5条第2号は、「未成年者」は司法書士となる資格を有しないと規定しており、現行法上は20歳未満の者は司法書士になる資格

を有しないということになりますが、司法書士の欠格事由を18歳未満に引き下げるのであれば、「未成年者」という文言のままにすればよく、司法書士法を改正する必要はありません。これに対し、「成年」「未成年」という文言が用いられている年齢要件について、20歳以上又は20歳未満という実質を維持する場合には改正が必要となります。例えば、改正前民法第792条は「成年に達した者」は養子をすることができると規定していますが、20歳以上の者が養子をすることができるという規定の実質的内容を維持するためには、「成年に達した者」を「二十歳に達した者」に改正する必要があります（Q25参照）。

　他方、年齢要件を規定するに当たり、「二十歳」などの具体的な年齢を指す文言が用いられている法律については、その実質を引き下げる場合には改正が必要ですが、維持する場合には改正が不要です。

　以上のように、年齢要件の実質の変更の有無と改正法による改正の有無は必ずしも一致しません。

　3　改正法附則では、主に、①「二十歳」という文言が用いられており、これを「十八歳」という文言に改正する必要があるもの、②「成年」又は「未成年者」といった文言が用いられているが、その実質を維持するため、これらを「二十歳」又は「二十歳未満の者」といった文言に改正する必要があるもの、③その他の類型について改正を行っています。それぞれの類型に該当する法律は、以下のとおりです。

(1)　①の類型（年齢引下げのための改正）に該当する法律
　・　水先法（登録水先人養成施設等の講師の資格）
　・　国籍法（帰化の要件等）
　・　社会福祉法（社会福祉主事の資格）

- 船舶職員及び小型船舶操縦者法（登録海技免許講習実施機関等の講師の資格）
- 船舶安全法及び船舶職員法の一部を改正する法律（平成3年法律第75号）（登録電子通信移行講習実施機関の講師の資格）
- 旅券法（10年用一般旅券の取得）
- 性同一性障害者の性別の取扱いの特例に関する法律（性別の取扱いの変更の審判の要件）
- 公職選挙法等の一部を改正する法律（平成27年法律第43号）（人権擁護委員・民生委員の資格）

(2) ②の類型（現状維持のための改正）に該当する法律
- 二十歳未満ノ者ノ喫煙ノ禁止ニ関スル法律（「未成年者喫煙禁止法」より改題）（喫煙年齢）
- 二十歳未満ノ者ノ飲酒ノ禁止ニ関スル法律（「未成年者飲酒禁止法」より改題）（飲酒年齢）
- 児童福祉法（小児慢性特定疾病医療費の支給に係る年齢等）
- 競馬法（勝馬投票券の購入年齢）
- 自転車競技法（勝者投票券の購入年齢）
- 小型自動車競走法（勝車投票券の購入年齢）
- モーターボート競走法（勝舟投票券の購入年齢）
- アルコール健康障害対策基本法（アルコール健康障害の定義）

(3) ③の類型（①及び②の類型以外の改正）に該当する法律
- 恩給法等の一部を改正する法律（昭和51年法律第51号）（寡婦加算の対象となる18歳以上20歳未満の子が成年と取り扱われることに伴う規定の整理）
- 児童虐待の防止等に関する法律（延長者（児童養護施設等に入所措置が採られている18歳及び19歳の者）が親権に服さないこと

となることに伴う規定の整理）
- インターネット異性紹介事業を利用して児童を誘引する行為の規制等に関する法律（児童（18歳未満の者）と未成年者の範囲が一致することに伴う規定の整理）
- 酒税法（未成年者飲酒禁止法の題名が変更されることに伴う形式的な改正）
- 酒税の保全及び酒類業組合等に関する法律（同上）
- たばこ事業法（未成年者喫煙禁止法の題名が変更されることに伴う形式的な改正）

Q35 成年年齢の引下げに伴い、20歳から18歳に引き下げられる年齢要件にはどのようなものがありますか。

A 1 成年年齢の引下げにより、18歳、19歳の方は、親の同意を得なくても、様々な契約をすることができるようになったり、自分の住む場所（居所）や、進学や就職などの進路について、自分の意思で決めることができるようになります（Q12参照）。このほか、民法の成年年齢は、民法以外の法律において各種の資格を取得したり、各種行為をするための必要な基準年齢とされています。成年年齢の引下げにより、これらの要件にも変更されるものがあります。

2 例えば、各種の資格を取得したり、職業に就いたりするためには、成年に達していることが必要な場合があります。これまでは、20歳にならなければこれらの資格を取得したり職業に就くことができなかったわけですが、成年年齢が引き下げられることにより、18歳でこれらが可能になる場合があります。そのような資格・職業の例として、社会福祉主事の資格、人権擁護委員の資格、民生委員の資格、公認会計士の資格、司法書士の資格等が挙げられます。

3 また、10年間有効なパスポートは、現行法上は20歳にならなければ取得することができません。改正法が施行されれば、10年間有効なパスポートも、18歳で取得することができるようになります。

4 このほか、帰化（Q38参照）、家庭裁判所において性別の取扱いの変更の審判を受けること（Q40参照）などについても、18歳で

できるようになります。

法律の改正がされたもの（従来は「二十歳」などと規定）
・登録水先人養成施設等の講師の資格（水先法）
・帰化の要件等（国籍法）
・社会福祉主事の資格（社会福祉法）
・登録海技免許講習実施機関等の講師の資格（船舶職員及び小型船舶操縦者法）
・登録電子通信移行講習実施機関の講師の資格（船舶安全法及び船舶職員法の一部を改正する法律）
・10年用一般旅券の取得（旅券法）
・性別の取扱いの変更の審判の要件（性同一性障害者の性別の取扱いの特例に関する法律）
・人権擁護委員・民生委員の資格（公職選挙法等の一部を改正する法律（平成27年法律第43号））
改正が不要なもの（「未成年者」などと規定）
・分籍（戸籍法）
・公認会計士の資格（公認会計士法）
・医師免許の要件（医師法）
・歯科医師免許の要件（歯科医師法）
・獣医師免許の要件（獣医師法）
・司法書士の資格（司法書士法）
・土地家屋調査士の資格（土地家屋調査士法）
・行政書士の資格（行政書士法）
・薬剤師免許の要件（薬剤師法）
・社会保険労務士の資格（社会保険労務士法）
等約130法律

Q36 成年年齢の引下げにかかわらず、20歳のまま維持される年齢要件にはどのようなものがありますか。

A 民法の成年年齢と異なる趣旨によって年齢要件が定められている場合には、成年年齢が18歳に引き下げられても、これと合わせて年齢要件を引き下げる必要はないと考えられます。そのため、他の法律において定められた年齢要件には、成年年齢の引下げにかかわらず、現在の年齢要件が維持されているものがあります。

例えば、お酒を飲んだり、たばこを吸ったりすることができるようになる年齢については、今までどおり20歳という年齢が維持されています。

また、競馬、競輪、オートレース、モーターボート競走の投票券（馬券など）を買うための年齢要件についても、20歳という年齢要件が維持されることとなりました。

このほか、養親として養子縁組をすることができる年齢（養親年齢）、児童自立生活援助事業の対象となる者の年齢、国民年金の被保険者資格についても、現状の20歳という年齢要件が維持されています。

法律が改正されたもの（従来は「未成年者」などと規定）
- 養子をとることができる者の年齢（民法）
- 喫煙年齢（二十歳未満ノ者ノ喫煙ノ禁止ニ関スル法律：題名等を改正）
- 飲酒年齢（二十歳未満ノ者ノ飲酒ノ禁止ニ関スル法律：題名等を改正）
- 小児慢性特定疾病医療費の支給に係る年齢等（児童福祉法）
- 勝馬投票券の購入年齢（競馬法）
- 勝者投票券の購入年齢（自転車競技法）
- 勝車投票券の購入年齢（小型自動車競走法）
- 勝舟投票券の購入年齢（モーターボート競走法）
- アルコール健康障害の定義（アルコール健康障害対策基本法）

改正が不要なもの（「二十歳」などと規定）
・児童自立生活援助事業の対象となる者の年齢（児童福祉法） ・船長及び機関長の年齢（船舶職員及び小型船舶操縦者法） ・猟銃の所持の許可（銃砲刀剣類所持等取締法） ・国民年金の被保険者資格（国民年金法） ・大型、中型免許等（道路交通法）※ ・特別児童扶養手当の支給対象となる者の年齢（特別児童扶養手当等の支給に関する法律） ・指定暴力団等への加入強要が禁止される者の年齢（暴力団員による不当な行為の防止等に関する法律） 等約20法律 ※大型免許を取得することができる年齢は21歳以上

Q37

飲酒・喫煙、公営競技など20歳のまま維持する法律と、各種の国家資格に関する年齢要件など18歳に引き下げることとしている法律とは、どのような基準で振り分けたのですか。

A 　各種の法律における年齢要件は、それぞれの法律の趣旨に基づいて、様々な要素を総合的に考慮して定められています。そして、民法の成年年齢の引下げを行った場合に、その他の法律の年齢要件をどうするかについては、それぞれの法律の趣旨に基づき、それぞれの所管省庁において個別に引下げの要否を検討したものであり、必ずしも一律の基準があるわけではありません。

　もっとも、民法の成年年齢が20歳であることを前提に20歳と定められている年齢要件については、成年年齢の引下げに合わせて、基本的に18歳に引き下げることとされています（**Q35**参照）。他方で、健康被害の防止や青少年の保護の観点から定められた年齢要件については、必ずしも民法上の成年年齢と一致させる必要はないため、20歳を維持することとしているものがあります（**Q36**参照）。例えば、飲酒・喫煙に関する年齢要件については、健康面への影響や非行防止の観点から20歳以上という年齢要件を維持することとされました。また、競馬、競輪、オートレース、モーターボート競走の投票券（馬券など）を買うための年齢要件についても、青少年保護の観点や、教育現場におけるギャンブルの依存症リスクに対する体系的な教育の状況等を踏まえ、20歳という年齢要件が維持されることとなりました。

第2 国籍法の一部改正

Q38 改正法では、国籍法についてどのような改正がされていますか。その趣旨はどのようなものですか（改正法附則第12条関係）。

A

1 改正の概要について

国籍法（昭和25年法律第147号）については、改正法により、①日本人の親が認知した子が簡易な手続で日本国籍を取得することができる年齢（国籍法第3条第1項）、②帰化することができる年齢（同法第5条第1項第2号）、③日本国籍を留保する意思表示をしなかったために同法第12条の規定によって日本国籍を失った者が簡易な手続で日本国籍を再取得することができる年齢（同法第17条第1項）、④国籍を選択すべき期間（同法第14条第1項）などの点が改正されています。

2 認知された子の国籍の取得、国籍の再取得の要件（国籍法第3条第1項、第17条第1項）について

改正前国籍法第3条第1項は「日本人の親が認知した子で20歳未満の者」について、法務大臣への届出という簡易な手続によって国籍を取得することを認めています。また、同法第17条第1項は、「日本国籍を留保する意思表示をしなかったために国籍法第12条の規定によって日本国籍を失った者で20歳未満の者」であるときは、同様に法務大臣への届出によって国籍を再取得することができるとしています。

これらの規定は、次のような趣旨に基づきます。すなわち、日本人との強い結合関係がある者については、未成年者の間は父母と同

じ国籍であることが望ましいといえますが、一方で、成年に達している場合には外国人としての社会的営みを始めていると考えられます。そこで、20歳未満の者である場合には、簡易な手続によって国籍を取得することを認めたものです。このように、これらの規定の「20歳」は、いずれも我が国の成年年齢が20歳とされていることを前提としています。そこで、改正前国籍法の上記各規定の「20歳未満」については、民法の成年年齢引下げに連動して、「18歳未満」に引き下げることとされました。

3　帰化の要件（国籍法第5条第1項第2号）について

改正前国籍法第5条第1項第2号は、外国人が帰化により日本の国籍を取得しようとする場合に、原則として、「20歳以上で本国法によって行為能力を有すること」を要件としています。これは、帰化という重大な効力が生ずる手続を行うためには、十分な判断能力を有することが必要であると考えられるためであり、「20歳以上」であることが要件とされているのは、我が国の成年年齢が20歳とされていることを前提としています。そこで、帰化の要件としての「20歳以上」については、民法の成年年齢の引下げに連動して「18歳以上」に引き下げることとされました。

4　国籍の選択（国籍法第14条第1項）について

外国人が出生や届出等により日本国籍を取得した場合には重国籍の状態が生じ得ます。このような場合について、改正前国籍法第14条第1項は、重国籍となったのが20歳に達する以前であるときは22歳に達するまでに、重国籍となったのが20歳に達した後であるときはそれから2年以内に、いずれかの国籍を選択し、重国籍の状態を解消しなければならないとしています。この規定は、成年に達することにより完全な行為能力を備えることに鑑み、成年に達した

時から2年間の熟慮期間を与えるものであり、同項の「20歳」及び「22歳」は、我が国の成年年齢が20歳とされていることを前提としています。

そこで、改正前国籍法第14条第1項の「20歳」については、民法の成年年齢の引下げに連動して「18歳」に引き下げるとともに、「22歳」についても、成年に達した時から2年間の熟慮期間を与えるという趣旨から、「20歳」に引き下げることとされました。その結果、重国籍となったのが18歳に達する以前であるときは20歳に達するまでに、重国籍となったのが18歳に達した後であるときはその時から2年以内に、いずれかの国籍を選択しなければならないこととなります。

[参照条文]

改 正 後	改 正 前
（認知された子の国籍の取得） 第三条　父又は母が認知した子で<u>十八歳</u>未満のもの（日本国民であつた者を除く。）は、認知をした父又は母が子の出生の時に日本国民であつた場合において、その父又は母が現に日本国民であるとき、又はその死亡の時に日本国民であつたときは、法務大臣に届け出ることによつて、日本の国籍を取得することができる。 2　（略）	（認知された子の国籍の取得） 第三条　父又は母が認知した子で<u>二十歳</u>未満のもの（日本国民であつた者を除く。）は、認知をした父又は母が子の出生の時に日本国民であつた場合において、その父又は母が現に日本国民であるとき、又はその死亡の時に日本国民であつたときは、法務大臣に届け出ることによつて、日本の国籍を取得することができる。 2　（略）
第五条　法務大臣は、次の条件を備える外国人でなければ、その帰化を許可することができない。 一　（略）	第五条　法務大臣は、次の条件を備える外国人でなければ、その帰化を許可することができない。 一　（略）

二　十八歳以上で本国法によつて行為能力を有すること。 三〜六　（略） ２　（略） （国籍の選択） 第十四条　外国の国籍を有する日本国民は、外国及び日本の国籍を有することとなつた時が十八歳に達する以前であるときは二十歳に達するまでに、その時が十八歳に達した後であるときはその時から二年以内に、いずれかの国籍を選択しなければならない。 ２　（略） （国籍の再取得） 第十七条　第十二条の規定により日本の国籍を失つた者で十八歳未満のものは、日本に住所を有するときは、法務大臣に届け出ることによつて、日本の国籍を取得することができる。 ２・３　（略）	二　二十歳以上で本国法によつて行為能力を有すること。 三〜六　（略） ２　（略） （国籍の選択） 第十四条　外国の国籍を有する日本国民は、外国及び日本の国籍を有することとなつた時が二十歳に達する以前であるときは二十二歳に達するまでに、その時が二十歳に達した後であるときはその時から二年以内に、いずれかの国籍を選択しなければならない。 ２　（略） （国籍の再取得） 第十七条　第十二条の規定により日本の国籍を失つた者で二十歳未満のものは、日本に住所を有するときは、法務大臣に届け出ることによつて、日本の国籍を取得することができる。 ２・３　（略）

Q39 国籍法の一部改正に伴う経過措置はどのようなものですか（改正法附則第13条関係）。

A 1　認知された子の国籍の取得の要件に関する改正（国籍法第3条第1項関係）について

　改正法により国籍法第3条第1項が改正され、認知された子が簡易な手続で国籍を取得することができる年齢は、20歳未満から18歳未満に引き下げられます（Q38参照）。改正後の同項をそのまま適用すると、改正法の施行の際に18歳以上20歳未満の方は、施行前には届出による国籍取得が可能であったにもかかわらず、施行後はこれができないこととなってしまいます。また、施行の際に18歳未満である方は、改正法の施行後も18歳までは届出によって国籍を取得することができますが、施行前は20歳までこれが可能であったにもかかわらず、届出による国籍取得が可能な期間が18歳までに短縮されるという不利益が生ずることになってしまいます。

　しかし、少なくとも、改正法の施行の際に、改正前国籍法第3条第1項に基づいて国籍を取得する要件（法務大臣に届け出ることを除く(注)。）を備えている方については、届出という簡易な手続によって日本の国籍を取得することができるという法的利益を有しているものと考えられます。このため、このような法的利益を有している方について、簡易な手続によって国籍を取得する機会を失ったり、そのための期間が短縮されるという不利益が生じないよう、一定の範囲で救済措置を設ける必要があると考えられます。

　そこで、改正法の施行の際に、改正前国籍法第3条第1項に規定する要件（法務大臣への届出を除きます。）を備えている者であって、16歳以上のものについては、施行日から2年間の猶予期間を与えることとし、猶予期間中は、引き続き改正前国籍法第3条第1項に基づく届出をすることができることとされました。

なお、届出時においても、日本人の親に認知されたこと、20歳未満であることという要件を満たす必要があります。

2 国籍の選択に関する改正（国籍法第14条第1項）について

改正法により、重国籍の者が国籍を選択すべき期間を定めた国籍法第14条第1項が改正され、重国籍となったのが18歳に達する以前であるときは20歳に達するまでに、重国籍となったのが18歳に達した後であるときはその時から2年以内に、いずれかの国籍を選択しなければならないこととなります（Q38参照）。改正後の同項をそのまま適用すると、改正法の施行の際に18歳以上20歳未満の重国籍者は、施行前には国籍選択期限である22歳になるまで2年以上4年未満の期間があったにもかかわらず、施行後は、18歳に達する以前に重国籍になった者は20歳までに、18歳に達した後に重国籍となった者は重国籍になったときから2年以内に国籍を選択しなければならなくなり、いずれにしても国籍を選択できる期間が短縮されてしまいます。また、20歳に達する以前に重国籍になった方のうち施行日に20歳以上22歳未満の方は、施行前には22歳までに選択すればよかったにもかかわらず、施行後は、18歳に達する以前に重国籍になった者は国籍選択期限を徒過していたことになってしまったり、18歳に達した後に重国籍になった者は国籍選択期限が前倒しされることになってしまいます。このため、これらの方について、一定の範囲で救済措置を設ける必要があると考えられます。

そこで、改正後国籍法第14条第1項の規定は、施行日以後に重国籍になった方又は（施行日までに重国籍になった方のうち）20歳未満の方について適用することとし、施行日に重国籍者であって20歳以上の方の国籍の選択については、改正後国籍法を適用せず、なお従前の例によることとされました（改正法附則第13条第2項）。その結果、これらの方は、重国籍になったのが20歳未満である場合には

22 歳までに、重国籍になったのが 20 歳以上である場合にはその時から 2 年以内に、国籍を選択しなければならないことになります。

他方、施行日に重国籍者であって 18 歳以上 20 歳未満の方については、施行日に重国籍者になったものとみなすこととされています（改正法附則第 13 条第 3 項）。これにより、これらの方は、施行日から 2 年以内に国籍を選択しなければならないこととなります。

なお、20 歳までに重国籍となった者のうち施行日に 18 歳未満である者は、施行日から国籍選択期限まで 2 年以上あることから、特段の措置は設けられていません。

3 国籍の再取得の要件の改正（国籍法第 17 条第 1 項）について

改正法により国籍法第 17 条第 1 項が改正され、外国で出生し、出生によって外国籍を取得した日本国民が、日本国籍を留保する意思表示をしなかったために日本国籍を失った場合に、その方が法務大臣への届出という簡易な手続によって国籍を再取得することができる年齢は、20 歳未満から 18 歳未満に引き下げられます（Q38 参照）。このため、改正後の同項をそのまま適用すると、改正法の施行の際に国籍を再取得しようとする方が 18 歳以上 20 歳未満である場合は、施行前には届出による国籍再取得が可能であったにもかかわらず、施行後はこれができないこととなってしまいます。また、改正法の施行の際に 18 歳未満である方は、施行前は 20 歳まで届出によって国籍を再取得することが可能であったにもかかわらず、施行後は、届出による国籍再取得が可能な期間が 18 歳までに短縮されるという不利益が生ずることになってしまいます。

しかし、改正法の施行の際に、国籍法第 12 条の規定により日本の国籍を失っていた方（すなわち、外国で出生し、出生によって外国籍を取得した者であり、日本国籍を留保する意思表示をしなかった方を指します。）で、日本に住所を有する方は、届出という簡易な手続によっ

て日本の国籍を再取得できるという法的利益を有していると考えられます。このため、このような法的利益を有している方について、簡易な手続によって国籍を取得する機会を失ったり、そのための期間が短縮されるという不利益が生じないよう、一定の範囲で救済措置を設ける必要があると考えられます。

そこで、改正法の施行の際に、国籍法第12条の規定により日本の国籍を失った方のうち16歳以上の方について、施行日から2年間の猶予期間を与えることとし、引き続き改正前国籍法第17条第1項に基づく届出をすることができることとされました。

4 帰化の要件の改正（国籍法第5条第1項第2号関係）について

改正法により、帰化に関する国籍法第5条第1項第2号が改正されていますが、帰化をすることができる年齢を引き下げるものであり、これによって不利益を受ける方はいませんので、特段の経過措置は設けられていません。

（注）具体的には、①父又は母が認知していること、②20歳未満であること、③認知をした父又は母が子の出生の時に日本国民であったこと、④父又は母が現に日本国民であるか、死亡の時に日本国民であったことがこれに当たります。

第3 性同一性障害者の性別の取扱いの特例に関する法律の一部改正

Q40 改正法により、性同一性障害者の性別の取扱いの特例に関する法律はどのように改正されていますか。その趣旨はどのようなものですか（改正法附則第15条関係）。

A 1 改正前の性同一性障害者の性別の取扱いの特例に関する法律（平成15年法律第111号）第3条第1項は、家庭裁判所が、性同一性障害者について性別の取扱いの変更の審判をすることができる要件を定めており、その要件の一つとして、審判を受ける性同一性障害者が20歳以上であることが必要とされています（同項第1号）。改正法により、この要件は、「18歳以上であること」に改められています。

2 改正前に「20歳以上であること」が要件とされているのは、①民法上、満20歳が成年年齢とされており、人の自然的精神能力が十分に備わる年齢とされていること、②性別はその人の人格そのものにかかわる重大な事柄であり、また、その変更は不可逆的なものとなることから、本人に慎重に判断させる必要があること、③日本精神神経学会の「性同一性障害に関する診断と治療のガイドライン（第4版改）」（2018.1.20）（以下「ガイドライン」という。）においても第3段階の手術（性別適合手術）へ移行するための条件として20歳以上であることが求められていることなどが考慮されたものです。そして、日本精神神経学会によれば、上記③のガイドラインにおいて、20歳以上であることが性別適合手術の条件とされている理由

第3　性同一性障害者の性別の取扱いの特例に関する法律の一部改正

も、民法の成年年齢が満 20 歳とされていることを根拠にしており、平成 29 年 5 月には、性別適合手術が可能な年齢を 18 歳に引き下げることは差し支えないとして、性別適合手術の条件を「20 歳以上であること」から「成年に達していること」に改めるガイドラインの改訂が行われました。

そこで、改正前の性同一性障害者の性別の取扱いの特例に関する法律第 3 条第 1 項第 1 号の「20 歳以上」の規定については、民法の成年年齢の引下げに連動して「18 歳以上」と改正することとされました。

[参照条文]

改　正　後	改　正　前
(性別の取扱いの変更の審判) 第三条　家庭裁判所は、性同一性障害者であって次の各号のいずれにも該当するものについて、その者の請求により、性別の取扱いの変更の審判をすることができる。 一　十八歳以上であること。 二～五　（略） 2　（略）	(性別の取扱いの変更の審判) 第三条　家庭裁判所は、性同一性障害者であって次の各号のいずれにも該当するものについて、その者の請求により、性別の取扱いの変更の審判をすることができる。 一　二十歳以上であること。 二～五　（略） 2　（略）

Q41 性同一性障害者の性別の取扱いの特例に関する法律の一部改正に伴う経過措置はどのようなものですか（改正法附則第17条関係）。

A 施行日前に性同一性障害者の性別の取扱いの変更の審判の請求がされていた場合には、その事件についてはなお従前の例によることとされており、改正後の性同一性障害者の性別の取扱いの特例に関する法律第3条第1項ではなく、改正前の規定が適用されます。

　改正法による改正は、性別の取扱いの変更の審判を請求する者にとって有利な方向に改正するものですが、施行日前にされた審判の請求について改正前後のいずれの規定を適用すべきかを明確にするため、このような経過措置が設けられています。

第4　罰則に関する経過措置

Q42　罰則に関する経過措置はどのようなものですか（改正法附則第25条関係）。

A

1　施行日前の行為に関する経過措置について

「未成年者」が一定の行為をすることや「未成年者」に対する一定の行為が処罰の対象とされている場合があります。このような場合には、成年年齢の引下げ前は、18歳、19歳の者の行為やこれらの者に対する行為が処罰の対象となっていましたが、成年年齢の引下げに連動して「未成年者」の意味内容が変更されることにより、18歳、19歳の者の行為やこれらの者に対する行為が処罰の対象ではなくなり、処罰の対象範囲が縮小することとなります。このような規定に関しては、施行日前に18歳、19歳の者が行った行為や、これらの者に対して行われた行為について、施行日後も処罰をすることができるか否か、疑義が生ずるおそれがあります。

また、成年年齢を引き下げると、18歳以上20歳未満の者は親権に服さないことになるため、これらの者の親権者や未成年後見人であった者は、その地位を失い、法定代理権を失うことになります。そのため、「代理人」、「法定代理人」といった文言が含まれる罰則規定のうち未成年者の法定代理人という意味で当該文言が用いられているものについても、施行日後に処罰をすることができるか否かについて、疑義が生ずるおそれがあります。

そこで、施行日前に18歳、19歳の者がした行為や、これらの者を対象にして行われた行為、これらの者の法定代理人が行った行為等を施行日後も処罰し得ることを明確にするため、施行日前にした行為に対する罰則の適用については、なお従前の例による旨の経過措

置を設けることとしています。

2　施行日後の行為に関する経過措置について

　国籍法第20条第1項は、日本人に認知された子が国籍を取得するための法務大臣への届出をする場合（同法第3条第1項）に、同項の要件を満たさないのに満たすと偽ったときは、「虚偽の届出をした」として罰則を科すこととしています。

　改正法により、国籍法第3条第1項が改正され、認知された子が簡易な手続で国籍を取得することができる年齢は20歳未満から18歳未満に引き下げられますが、改正法の施行の際に、改正前国籍法第3条第1項に規定する要件を備える者であって、16歳以上のものについては、施行日から2年間の猶予期間を与えることとし、猶予期間中は、引き続き改正前国籍法第3条第1項に基づく届出をすることができることとされ（改正法附則第13条第1項）、その結果、施行日後猶予期間中、例えば19歳の者であっても同規定に基づき改正前国籍法第3条第1項に基づく届出をすることができることとなります（**Q39**参照）。

　したがって、例えば、21歳の者が19歳であると偽って改正前国籍法第3条第1項に基づく届出をした場合、要件を満たさないのに満たす旨の虚偽の届出をしたことになりますから、このような者を処罰の対象とする必要がありますが、国籍法第20条第1項を適用して処罰をすることができるか（要件を満たさないのに要件を満たす旨の虚偽の届出をしたといえるか）否かについては疑義が生じ得ます。

　そこで、改正法附則第13条の規定によりなお従前の例によることとされる場合における施行日以後にした行為に対する罰則の適用については、なお従前の例による旨の規定を置くこととしています。

第7章 その他

Q43 成年年齢の引下げにより、成人式にはどのような影響があると考えられますか。政府は、今後の成人式の在り方についてはどのような検討を行う予定ですか。

A 1 成人式の実施時期や対象年齢について法律上の規定があるわけではありません。このため、現在、成人式は各自治体等の判断で実施されていますが、多くの自治体においては、成人の日又は1月中のその他の日に、実施年度中に20歳になる者を対象として、実施されています(注1)。

このように、現在、成人式の対象年齢と民法の成年年齢が一致していることに鑑みると、民法の成年年齢が18歳に引き下げられることに伴い、成人式の対象年齢も20歳から18歳に引き下げられるなど、成人式の在り方等に影響が及ぶ可能性があると考えられます。

なお、成人式は、国民の祝日に関する法律の「成人の日」の趣旨を踏まえ、各地域の実情に応じて企画・実施されています。成人の日は、国民の祝日に関する法律において、「おとなになつたことを自覚し、みずから生き抜こうとする青年を祝いはげます」日として、1月の第二月曜日と規定していますが、この「おとな」について明確な定義はなく、民法の成年年齢と必ずしも一致するものではありません。

2 仮に、成人式の対象年齢が20歳から18歳に引き下げられるとすると、例えば、改正後の最初の成人式では18歳、19歳、20歳

の3学年分の成人式を一度に実施するのかという問題や、高校3年生にとって成人の日は大学入試時期と重なるため、その時期に成人式を実施すると受験生が参加しにくくなるのではないかという問題など、様々な課題が指摘されています。

3　そこで、成年年齢引下げを見据えた環境整備に関する関係府省庁連絡会議（Q18参照）では、成人式の時期や在り方等に関する分科会を開催し、成人式の在り方等についても検討課題として取り組んでいくこととしています[注2]。同分科会においては、今後、関係者との意見交換を実施するなどした上で、関係者の意見や各自治体の検討状況を取りまとめて情報発信するなど、成人式の実施主体である各自治体がその実情に応じた対応をすることができるように取り組んでいく予定です。

　（注1）成人式の開催状況を公表している自治体の資料から集約した結果によると、現在、84.8％の自治体が、成人の日又はその前日の日曜日等の1月に成人式を実施しています。1月以外では、8月に実施している自治体が12.8％あり、そのほか、4月1日、5月3日・4日、3月19日等に実施している自治体も存在します。
　また、成人式の対象年齢は、実施する年度に20歳になる者を対象とする自治体が98.6％ですが、実施する年の前年度に20歳になる者を対象とする（全員が20歳以上となる）自治体も1.4％存在しています（第1回「成年年齢引下げを見据えた環境整備に関する関係府省庁連絡会議」の資料12「成年年齢の引下げに伴う成人式の時期や在り方等について（主な論点）」（http://www.moj.go.jp/content/001256642.pdf））。
　（注2）第2回「成年年齢引下げを見据えた環境整備に関する関係府省庁連絡会議」資料6「成年年齢引下げを見据えた環境整備に関する関係府省庁連絡会議成人式の時期や在り方等に関する分科会の開催について」（http://www.moj.go.jp/content/001268557.pdf）。

巻末資料1　新旧対照表

民法の一部を改正する法律案新旧対照条文

目　　次

○民法（明治二十九年法律第八十九号）
○未成年者喫煙禁止法（明治三十三年法律第三十三号）
○未成年者飲酒禁止法（大正十一年法律第二十号）
○児童福祉法（昭和二十二年法律第百六十四号）
○競馬法（昭和二十三年法律第百五十八号）
○自転車競技法（昭和二十三年法律第二百九号）
○小型自動車競走法（昭和二十五年法律第二百八号）
○モーターボート競走法（昭和二十六年法律第二百四十二号）
○アルコール健康障害対策基本法（平成二十五年法律第百九号）
○水先法（昭和二十四年法律第百二十一号）
○国籍法（昭和二十五年法律第百四十七号）
○社会福祉法（昭和二十六年法律第四十五号）
○船舶職員及び小型船舶操縦者法（昭和二十六年法律第百四十九号）
○旅券法（昭和二十六年法律第二百六十七号）
○船舶安全法及び船舶職員法の一部を改正する法律（平成三年法律第七十五号）
○性同一性障害者の性別の取扱いの特例に関する法律（平成十五年法律第百十一号）
○酒税法（昭和二十八年法律第六号）
○酒税の保全及び酒類業組合等に関する法律（昭和二十八年法律第七号）
○恩給法等の一部を改正する法律（昭和五十一年法律第五十一号）
○たばこ事業法（昭和五十九年法律第六十八号）
○児童虐待の防止等に関する法律（平成十二年法律第八十二号）
○インターネット異性紹介事業を利用して児童を誘引する行為の規制等に関する法律（平成十五年法律第八十三号）
○公職選挙法等の一部を改正する法律（平成二十七年法律第四十三号）

○民法（明治二十九年法律第八十九号）

（傍線部分は改正部分）

改　正　後	改　正　前
（成年） 第四条　年齢<u>十八歳</u>をもって、成年とする。	（成年） 第四条　年齢<u>二十歳</u>をもって、成年とする。
<u>（婚姻適齢）</u> <u>第七百三十一条　婚姻は、十八歳にならなければ、することができない。</u>	（婚姻適齢） 第七百三十一条　男は、十八歳に、女は、十六歳にならなければ、婚姻をすることができない。
<u>第七百三十七条　削除</u>	<u>（未成年者の婚姻についての父母の同意）</u> 第七百三十七条　未成年の子が婚姻をするには、父母の同意を得なければならない。 <u>2　父母の一方が同意しないときは、他の一方の同意だけで足りる。父母の一方が知れないとき、死亡したとき、又はその意思を表示することができないときも、同様とする。</u>
（婚姻の届出の受理） 第七百四十条　婚姻の届出は、その婚姻が第七百三十一条から<u>第七百三十六条</u>まで及び前条第二項の規定その他の法令の規定に違反しないことを認めた後でなければ、受理することができない。	（婚姻の届出の受理） 第七百四十条　婚姻の届出は、その婚姻が第七百三十一条から<u>第七百三十七条</u>まで及び前条第二項の規定その他の法令の規定に違反しないことを認めた後でなければ、受理することができない。
<u>第七百五十三条　削除</u>	<u>（婚姻による成年擬制）</u> 第七百五十三条　未成年者が婚姻を

改　正　後	改　正　前
	したときは、これによって成年に達したものとみなす。
（養親となる者の年齢） 第七百九十二条　二十歳に達した者は、養子をすることができる。	（養親となる者の年齢） 第七百九十二条　成年に達した者は、養子をすることができる。
（養親が二十歳未満の者である場合の縁組の取消し） 第八百四条　第七百九十二条の規定に違反した縁組は、養親又はその法定代理人から、その取消しを家庭裁判所に請求することができる。ただし、養親が、二十歳に達した後六箇月を経過し、又は追認をしたときは、この限りでない。	（養親が未成年者である場合の縁組の取消し） 第八百四条　第七百九十二条の規定に違反した縁組は、養親又はその法定代理人から、その取消しを家庭裁判所に請求することができる。ただし、養親が、成年に達した後六箇月を経過し、又は追認をしたときは、この限りでない。

○未成年者喫煙禁止法（明治三十三年法律第三十三号）

(傍線部分は改正部分)

改　正　後	改　正　前
二十歳未満ノ者ノ喫煙ノ禁止ニ関スル法律	未成年者喫煙禁止法
第一条　二十歳未満ノ者ハ煙草ヲ喫スルコトヲ得ス	第一条　満二十年ニ至ラサル者ハ煙草ヲ喫スルコトヲ得ス
第四条　煙草又ハ器具ヲ販売スル者ハ二十歳未満ノ者ノ喫煙ノ防止ニ資スル為年齢ノ確認其ノ他ノ必要ナル措置ヲ講ズルモノトス	第四条　煙草又ハ器具ヲ販売スル者ハ満二十年ニ至ラザル者ノ喫煙ノ防止ニ資スル為年齢ノ確認其ノ他ノ必要ナル措置ヲ講ズルモノトス
第五条　二十歳未満ノ者ニ其ノ自用ニ供スルモノナルコトヲ知リテ煙草又ハ器具ヲ販売シタル者ハ五十万円以下ノ罰金ニ処ス	第五条　満二十年ニ至ラサル者ニ其ノ自用ニ供スルモノナルコトヲ知リテ煙草又ハ器具ヲ販売シタル者ハ五十万円以下ノ罰金ニ処ス

○未成年者飲酒禁止法（大正十一年法律第二十号）

（傍線部分は改正部分）

改　正　後	改　正　前
二十歳未満ノ者ノ飲酒ノ禁止ニ関スル法律	未成年者飲酒禁止法
第一条　二十歳未満ノ者ハ酒類ヲ飲用スルコトヲ得ス ②（略） ③営業者ニシテ其ノ業態上酒類ヲ販売又ハ供与スル者ハ二十歳未満ノ者ノ飲用ニ供スルコトヲ知リテ酒類ヲ販売又ハ供与スルコトヲ得ス ④営業者ニシテ其ノ業態上酒類ヲ販売又ハ供与スル者ハ二十歳未満ノ者ノ飲酒ノ防止ニ資スル為年齢ノ確認其ノ他ノ必要ナル措置ヲ講ズルモノトス 第二条　二十歳未満ノ者カ其ノ飲用ニ供スル目的ヲ以テ所有又ハ所持スル酒類及其ノ器具ハ行政ノ処分ヲ以テ之ヲ没収シ又ハ廃棄其ノ他ノ必要ナル処置ヲ為サシムルコトヲ得	第一条　満二十年ニ至ラサル者ハ酒類ヲ飲用スルコトヲ得ス ②（同左） ③営業者ニシテ其ノ業態上酒類ヲ販売又ハ供与スル者ハ満二十年ニ至ラサル者ノ飲用ニ供スルコトヲ知リテ酒類ヲ販売又ハ供与スルコトヲ得ス ④営業者ニシテ其ノ業態上酒類ヲ販売又ハ供与スル者ハ満二十年ニ至ラザル者ノ飲酒ノ防止ニ資スル為年齢ノ確認其ノ他ノ必要ナル措置ヲ講ズルモノトス 第二条　満二十年ニ至ラサル者カ其ノ飲用ニ供スル目的ヲ以テ所有又ハ所持スル酒類及其ノ器具ハ行政ノ処分ヲ以テ之ヲ没収シ又ハ廃棄其ノ他ノ必要ナル処置ヲ為サシムルコトヲ得

○児童福祉法（昭和二十二年法律第百六十四号）

（傍線部分は改正部分）

改　正　後	改　正　前
第六条　この法律で、保護者とは、親権を行う者、未成年後見人その他の者で、児童を現に監護する者をいう。	第六条　この法律で、保護者とは、<u>第十九条の三、第五十七条の三第二項、第五十七条の三の三第二項及び第五十七条の四第二項を除き</u>、親権を行う者、未成年後見人その他の者で、児童を現に監護する者をいう。
第六条の二　（略） ②　この法律で、小児慢性特定疾病児童等とは、次に掲げる者をいう。 　<u>一　都道府県知事が指定する医療機関（以下「指定小児慢性特定疾病医療機関」という。）に通い、又は入院する小児慢性特定疾病にかかつている児童（以下「小児慢性特定疾病児童」という。）</u> 　<u>二　指定小児慢性特定疾病医療機関に通い、又は入院する小児慢性特定疾病にかかつている児童以外の満二十歳に満たない者（政令で定めるものに限る。以下「成年患者」という。）</u> ③　この法律で、小児慢性特定疾病医療支援とは、<u>小児慢性特定疾病児童等であつて、当該疾病の状態が当該小児慢性特定疾病ごとに厚生労働大臣が社会保障審議会の意見を聴いて定める程度であるものに対し行われる医療（当該小児慢性特定疾病に係るものに限る。）</u>を	第六条の二　（同左） （新設） ②　この法律で、小児慢性特定疾病医療支援とは、<u>都道府県知事が指定する医療機関（以下「指定小児慢性特定疾病医療機関」という。）に通い、又は入院する小児慢性特定疾病にかかつている児童等（政令で定めるものに限る。以下「小児慢性特定疾病児童等」という。）</u>

改 正 後	改 正 前
いう。	であつて、当該疾病の状態が当該小児慢性特定疾病ごとに厚生労働大臣が社会保障審議会の意見を聴いて定める程度であるものに対し行われる医療（当該小児慢性特定疾病に係るものに限る。）をいう。
第十九条の二　都道府県は、次条第三項に規定する医療費支給認定（以下この条において「医療費支給認定」という。）に係る小児慢性特定疾病児童又は医療費支給認定を受けた成年患者（以下この条において「医療費支給認定患者」という。）が、次条第六項に規定する医療費支給認定の有効期間内において、指定小児慢性特定疾病医療機関（同条第五項の規定により定められたものに限る。）から当該医療費支給認定に係る小児慢性特定疾病医療支援（以下「指定小児慢性特定疾病医療支援」という。）を受けたときは、厚生労働省令で定めるところにより、当該小児慢性特定疾病児童に係る同条第七項に規定する医療費支給認定保護者（次項において「医療費支給認定保護者」という。）又は当該医療費支給認定患者に対し、当該指定小児慢性特定疾病医療支援に要した費用について、小児慢性特定疾病医療費を支給する。	第十九条の二　都道府県は、次条第三項に規定する医療費支給認定（以下この条において「医療費支給認定」という。）に係る小児慢性特定疾病児童等が、次条第六項に規定する医療費支給認定の有効期間内において、指定小児慢性特定疾病医療機関（同条第五項の規定により定められたものに限る。）から当該医療費支給認定に係る小児慢性特定疾病医療支援（以下「指定小児慢性特定疾病医療支援」という。）を受けたときは、厚生労働省令で定めるところにより、当該小児慢性特定疾病児童等に係る同条第七項に規定する医療費支給認定保護者（次項において「医療費支給認定保護者」という。）に対し、当該指定小児慢性特定疾病医療支援に要した費用について、小児慢性特定疾病医療費を支給する。
②　小児慢性特定疾病医療費の額	②　小児慢性特定疾病医療費の額

改　正　後	改　正　前
は、一月につき、次に掲げる額の合算額とする。 一　同一の月に受けた指定小児慢性特定疾病医療支援（食事療養（健康保険法（大正十一年法律第七十号）第六十三条第二項第一号に規定する食事療養をいう。<u>次号、</u>第二十一条の五の二十八第二項及び第二十四条の二十第二項において同じ。）を除く。）につき健康保険の療養に要する費用の額の算定方法の例により算定した額から、当該医療費支給認定保護者<u>又は当該医療費支給認定患者</u>の家計の負担能力、当該医療費支給認定に係る小児慢性特定疾病児童等の治療の状況又は身体の状態、当該医療費支給認定保護者<u>又は当該医療費支給認定患者</u>と同一の世帯に属する他の医療費支給認定に係る小児慢性特定疾病児童等及び難病の患者に対する医療等に関する法律（平成二十六年法律第五十号）第七条第一項に規定する支給認定を受けた指定難病（同法第五条第一項に規定する指定難病をいう。）の患者の数その他の事情をしん酌して政令で定める額（当該政令で定める額が当該算定した額の百分の二十に相当する額を超えるときは、当該相当する額）を控除して得た額	は、一月につき、次に掲げる額の合算額とする。 一　同一の月に受けた指定小児慢性特定疾病医療支援（食事療養（健康保険法（大正十一年法律第七十号）第六十三条第二項第一号に規定する食事療養をいう。第二十一条の五の二十八第二項及び第二十四条の二十第二項において同じ。）を除く。）につき健康保険の療養に要する費用の額の算定方法の例により算定した額から、当該医療費支給認定保護者の家計の負担能力、当該医療費支給認定に係る小児慢性特定疾病児童等の治療の状況又は身体の状態、当該医療費支給認定保護者と同一の世帯に属する他の医療費支給認定に係る小児慢性特定疾病児童等及び難病の患者に対する医療等に関する法律（平成二十六年法律第五十号）第七条第一項に規定する支給認定を受けた指定難病（同法第五条第一項に規定する指定難病をいう。）の患者の数その他の事情をしん酌して政令で定める額（当該政令で定める額が当該算定した額の百分の二十に相当する額を超えるときは、当該相当する額）を控除して得た額

改正後	改正前
二　当該指定小児慢性特定疾病医療支援（食事療養に限る。）につき健康保険の療養に要する費用の額の算定方法の例により算定した額から、健康保険法第八十五条第二項に規定する食事療養標準負担額、医療費支給認定保護者又は医療費支給認定患者の所得の状況その他の事情を勘案して厚生労働大臣が定める額を控除した額 ③　（略）	二　当該指定小児慢性特定疾病医療支援（食事療養に限る。）につき健康保険の療養に要する費用の額の算定方法の例により算定した額から、健康保険法第八十五条第二項に規定する食事療養標準負担額、医療費支給認定保護者の所得の状況その他の事情を勘案して厚生労働大臣が定める額を控除した額 ③　（同左）
第十九条の三　小児慢性特定疾病児童の保護者又は成年患者は、前条第一項の規定により小児慢性特定疾病医療費の支給を受けようとするときは、都道府県知事の定める医師（以下「指定医」という。）の診断書（小児慢性特定疾病児童等が小児慢性特定疾病にかかつており、かつ、当該小児慢性特定疾病の状態が第六条の二第三項に規定する厚生労働大臣が定める程度であることを証する書面として厚生労働省令で定めるものをいう。）を添えて、都道府県に申請しなければならない。	第十九条の三　小児慢性特定疾病児童等の保護者（小児慢性特定疾病児童等の親権を行う者、未成年後見人その他の者で、当該小児慢性特定疾病児童等を現に監護する者をいう。以下この条、第五十七条の三第二項、第五十七条の三の三第二項及び第五十七条の四第二項において同じ。）は、前条第一項の規定により小児慢性特定疾病医療費の支給を受けようとするときは、都道府県知事の定める医師（以下「指定医」という。）の診断書（小児慢性特定疾病児童等が小児慢性特定疾病にかかつており、かつ、当該小児慢性特定疾病の状態が第六条の二第二項に規定する厚生労働大臣が定める程度であることを証する書面として厚生労働省令で定めるものをいう。）を添えて、都

改　正　後	改　正　前
②　（略） ③　都道府県は、第一項の申請に係る小児慢性特定疾病児童等が小児慢性特定疾病にかかつており、かつ、当該小児慢性特定疾病の状態が第六条の二第三項に規定する厚生労働大臣が定める程度であると認められる場合には、小児慢性特定疾病医療費を支給する旨の認定（以下「医療費支給認定」という。）を行うものとする。 ④　都道府県は、第一項の申請があつた場合において、医療費支給認定をしないこととするとき（申請の形式上の要件に適合しない場合として厚生労働省令で定める場合を除く。）は、あらかじめ、次条第一項に規定する小児慢性特定疾病審査会に当該申請に係る<u>小児慢性特定疾病児童の保護者又は成年患者</u>について医療費支給認定をしないことに関し審査を求めなければならない。 ⑤・⑥　（略） ⑦　都道府県は、医療費支給認定をしたときは、当該医療費支給認定を受けた<u>小児慢性特定疾病児童の保護者（以下「医療費支給認定保護者」という。）又は当該医療費支給認定を受けた成年患者（以下「医療費支給認定患者」という。）</u>に対	道府県に申請しなければならない。 ②　（同左） ③　都道府県は、第一項の申請に係る小児慢性特定疾病児童等が小児慢性特定疾病にかかつており、かつ、当該小児慢性特定疾病の状態が<u>第六条の二第二項</u>に規定する厚生労働大臣が定める程度であると認められる場合には、小児慢性特定疾病医療費を支給する旨の認定（以下「医療費支給認定」という。）を行うものとする。 ④　都道府県は、第一項の申請があつた場合において、医療費支給認定をしないこととするとき（申請の形式上の要件に適合しない場合として厚生労働省令で定める場合を除く。）は、あらかじめ、次条第一項に規定する小児慢性特定疾病審査会に当該申請に係る<u>小児慢性特定疾病児童等の保護者</u>について医療費支給認定をしないことに関し審査を求めなければならない。 ⑤・⑥　（同左） ⑦　都道府県は、医療費支給認定をしたときは、当該医療費支給認定を受けた<u>小児慢性特定疾病児童等の保護者（以下「医療費支給認定保護者」という。）</u>に対し、厚生労働省令で定めるところにより、医療費支給認定の有効期間を記載し

改 正 後	改 正 前
し、厚生労働省令で定めるところにより、医療費支給認定の有効期間を記載した医療受給者証（以下「医療受給者証」という。）を交付しなければならない。	た医療受給者証（以下「医療受給者証」という。）を交付しなければならない。
⑧　（略）	⑧　（同左）
⑨　指定小児慢性特定疾病医療支援を受けようとする医療費支給認定保護者又は医療費支給認定患者は、厚生労働省令で定めるところにより、第五項の規定により定められた指定小児慢性特定疾病医療機関に医療受給者証を提示して指定小児慢性特定疾病医療支援を受けるものとする。ただし、緊急の場合その他やむを得ない事由のある場合については、医療受給者証を提示することを要しない。	⑨　指定小児慢性特定疾病医療支援を受けようとする医療費支給認定保護者は、厚生労働省令で定めるところにより、第五項の規定により定められた指定小児慢性特定疾病医療機関に医療受給者証を提示して指定小児慢性特定疾病医療支援を受けるものとする。ただし、緊急の場合その他やむを得ない事由のある場合については、医療受給者証を提示することを要しない。
⑩　医療費支給認定に係る小児慢性特定疾病児童等が第五項の規定により定められた指定小児慢性特定疾病医療機関から指定小児慢性特定疾病医療支援を受けたとき（当該小児慢性特定疾病児童に係る医療費支給認定保護者又は当該医療費支給認定患者が当該指定小児慢性特定疾病医療機関に医療受給者証を提示したときに限る。）は、都道府県は、当該医療費支給認定保護者又は当該医療費支給認定患者が当該指定小児慢性特定疾病医療機関に支払うべき当該指定小児慢性特定疾病医療支援に要した費用	⑩　医療費支給認定に係る小児慢性特定疾病児童等が第五項の規定により定められた指定小児慢性特定疾病医療機関から指定小児慢性特定疾病医療支援を受けたとき（当該小児慢性特定疾病児童等に係る医療費支給認定保護者が当該指定小児慢性特定疾病医療機関に医療受給者証を提示したときに限る。）は、都道府県は、当該医療費支給認定保護者が当該指定小児慢性特定疾病医療機関に支払うべき当該指定小児慢性特定疾病医療支援に要した費用について、小児慢性特定疾病医療費として当該医療費支

改正後	改正前
について、小児慢性特定疾病医療費として当該医療費支給認定保護者又は当該医療費支給認定患者に支給すべき額の限度において、当該医療費支給認定保護者又は当該医療費支給認定患者に代わり、当該指定小児慢性特定疾病医療機関に支払うことができる。 ⑪　前項の規定による支払があつたときは、当該医療費支給認定保護者又は当該医療費支給認定患者に対し、小児慢性特定疾病医療費の支給があつたものとみなす。	給認定保護者に支給すべき額の限度において、当該医療費支給認定保護者に代わり、当該指定小児慢性特定疾病医療機関に支払うことができる。 ⑪　前項の規定による支払があつたときは、当該医療費支給認定保護者に対し、小児慢性特定疾病医療費の支給があつたものとみなす。
第十九条の五　医療費支給認定保護者又は医療費支給認定患者は、現に受けている医療費支給認定に係る第十九条の三第五項の規定により定められた指定小児慢性特定疾病医療機関その他の厚生労働省令で定める事項を変更する必要があるときは、都道府県に対し、当該医療費支給認定の変更の申請をすることができる。 ②　都道府県は、前項の申請又は職権により、医療費支給認定保護者又は医療費支給認定患者に対し、必要があると認めるときは、厚生労働省令で定めるところにより、医療費支給認定の変更の認定を行うことができる。この場合において、都道府県は、当該医療費支給認定保護者又は当該医療費支給認	第十九条の五　医療費支給認定保護者は、現に受けている医療費支給認定に係る第十九条の三第五項の規定により定められた指定小児慢性特定疾病医療機関その他の厚生労働省令で定める事項を変更する必要があるときは、都道府県に対し、当該医療費支給認定の変更の申請をすることができる。 ②　都道府県は、前項の申請又は職権により、医療費支給認定保護者に対し、必要があると認めるときは、厚生労働省令で定めるところにより、医療費支給認定の変更の認定を行うことができる。この場合において、都道府県は、当該医療費支給認定保護者に対し医療受給者証の提出を求めるものとす

改　正　後	改　正　前
定患者に対し医療受給者証の提出を求めるものとする。 ③　（略） 第十九条の六　医療費支給認定を行つた都道府県は、次に掲げる場合には、当該医療費支給認定を取り消すことができる。 一　（略） 二　医療費支給認定保護者又は医療費支給認定患者が、医療費支給認定の有効期間内に、当該都道府県以外の都道府県の区域内に居住地を有するに至つたと認めるとき。 三　（略） ②　前項の規定により医療費支給認定の取消しを行つた都道府県は、厚生労働省令で定めるところにより、当該取消しに係る医療費支給認定保護者又は医療費支給認定患者に対し、医療受給者証の返還を求めるものとする。 第十九条の九　第六条の二第二項第一号の指定（以下「指定小児慢性特定疾病医療機関の指定」という。）は、厚生労働省令で定めるところにより、病院若しくは診療所（これらに準ずるものとして政令で定めるものを含む。以下同じ。）又は薬局の開設者の申請があつたものについて行う。	る。 ③　（同左） 第十九条の六　医療費支給認定を行つた都道府県は、次に掲げる場合には、当該医療費支給認定を取り消すことができる。 一　（同左） 二　医療費支給認定保護者が、医療費支給認定の有効期間内に、当該都道府県以外の都道府県の区域内に居住地を有するに至つたと認めるとき。 三　（同左） ②　前項の規定により医療費支給認定の取消しを行つた都道府県は、厚生労働省令で定めるところにより、当該取消しに係る医療費支給認定保護者に対し、医療受給者証の返還を求めるものとする。 第十九条の九　第六条の二第二項の指定（以下「指定小児慢性特定疾病医療機関の指定」という。）は、厚生労働省令で定めるところにより、病院若しくは診療所（これらに準ずるものとして政令で定めるものを含む。以下同じ。）又は薬局の開設者の申請があつたものについて行う。

改 正 後	改 正 前
②・③ （略）	②・③ （同左）
第二十五条の二　地方公共団体は、単独で又は共同して、要保護児童（第三十一条第四項に規定する延長者及び第三十三条第十項に規定する保護延長者を含む。次項において同じ。）の適切な保護又は要支援児童若しくは特定妊婦への適切な支援を図るため、関係機関、関係団体及び児童の福祉に関連する職務に従事する者その他の関係者（以下「関係機関等」という。）により構成される要保護児童対策地域協議会（以下「協議会」という。）を置くように努めなければならない。	第二十五条の二　地方公共団体は、単独で又は共同して、要保護児童（第三十一条第四項に規定する延長者及び第三十三条第十項に規定する保護延長者<u>（次項において「延長者等」という。）</u>を含む。次項において同じ。）の適切な保護又は要支援児童若しくは特定妊婦への適切な支援を図るため、関係機関、関係団体及び児童の福祉に関連する職務に従事する者その他の関係者（以下「関係機関等」という。）により構成される要保護児童対策地域協議会（以下「協議会」という。）を置くように努めなければならない。
②　協議会は、要保護児童若しくは要支援児童及びその保護者又は特定妊婦（以下この項及び第五項において「支援対象児童等」という。）に関する情報その他要保護児童の適切な保護又は要支援児童若しくは特定妊婦への適切な支援を図るために必要な情報の交換を行うとともに、支援対象児童等に対する支援の内容に関する協議を行うものとする。	②　協議会は、要保護児童若しくは要支援児童及びその保護者<u>（延長者等の親権を行う者、未成年後見人その他の者で、延長者等を現に監護する者を含む。）</u>又は特定妊婦（以下この項及び第五項において「支援対象児童等」という。）に関する情報その他要保護児童の適切な保護又は要支援児童若しくは特定妊婦への適切な支援を図るために必要な情報の交換を行うとともに、支援対象児童等に対する支援の内容に関する協議を行うものとする。
③〜⑧ （略）	③〜⑧ （同左）

巻末資料1　113

改　正　後	改　正　前
第三十一条　（略） ②・③　（略） ④　都道府県は、延長者（児童以外の満二十歳に満たない者のうち、次の各号のいずれかに該当するものをいう。）について、第二十七条第一項第一号から第三号まで又は第二項の措置を採ることができる。	第三十一条　（同左） ②・③　（同左） ④　都道府県は、延長者（児童以外の満二十歳に満たない者のうち、次の各号のいずれかに該当するものをいう。）について、第二十七条第一項第一号から第三号まで又は第二項の措置を採ることができる。この場合において、第二十八条の規定の適用については、同条第一項中「保護者が、その児童」とあるのは「第三十一条第四項に規定する延長者（以下この条において「延長者」という。）の親権を行う者、未成年後見人その他の者で、延長者を現に監護する者（以下この条において「延長者の監護者」という。）が、その延長者」と、「保護者に」とあるのは「延長者の監護者に」と、「当該児童」とあるのは「当該延長者」と、「おいて、第二十七条第一項第三号」とあるのは「おいて、同項の規定による第二十七条第一項第三号」と、「児童の親権」とあるのは「延長者の親権」と、同項第一号中「保護者」とあるのは「延長者の監護者」と、「第二十七条第一項第三号」とあるのは「第三十一条第四項の規定による第二十七条第一項第三号」と、同項第二号中「保護者」とあるのは「延長者の監護者」と、「児童」とあるのは「延長者」と、「第二十

改正後	改正前
	七条第一項第三号」とあるのは「第三十一条第四項の規定による第二十七条第一項第三号」と、同条第二項ただし書中「保護者」とあるのは「延長者の監護者」と、「第二十七条第一項第二号」とあるのは「第三十一条第四項の規定による第二十七条第一項第二号」と、「児童」とあるのは「延長者」と、同条第四項中「保護者」とあるのは「延長者の監護者」と、「児童」とあるのは「延長者」と、同条第五項から第七項までの規定中「保護者」とあるのは「延長者の監護者」とする。
（削る）	一　満十八歳に満たないときにされた措置に関する承認の申立てに係る児童であつた者であつて、当該申立てに対する審判が確定していないもの又は当該申立てに対する承認の審判がなされた後において第二十八条第一項第一号若しくは第二号ただし書若しくは第二項ただし書の規定による措置が採られていないもの
二　第二項からこの項までの規定による措置が採られている者	二　第二項からこの項までの規定による措置が採られている者（前号に掲げる者を除く。）
三　第三十三条第八項から第十一項までの規定による一時保護が行われている者（前号に掲げる者を除く。）	三　第三十三条第八項から第十一項までの規定による一時保護が行われている者（前二号に掲げる者を除く。）

改　正　後	改　正　前
⑤・⑥　（略）	⑤・⑥　（同左）
第三十三条　（略） ②～⑨　（略） ⑩　児童相談所長は、特に必要があると認めるときは、第八項各号に掲げる措置を採るに至るまで、保護延長者（児童以外の満二十歳に満たない者のうち、<u>第三十一条第二項から第四項までの規定による措置が採られているもの</u>をいう。以下この項及び次項において同じ。）の安全を迅速に確保し適切な保護を図るため、又は保護延長者の心身の状況、その置かれている環境その他の状況を把握するため、保護延長者の一時保護を行い、又は適当な者に委託して、当該一時保護を行わせることができる。 （削る） （削る）	第三十三条　（同左） ②～⑨　（同左） ⑩　児童相談所長は、特に必要があると認めるときは、第八項各号に掲げる措置を採るに至るまで、保護延長者（児童以外の満二十歳に満たない者のうち、<u>次の各号のいずれかに該当する者</u>をいう。以下この項及び次項において同じ。）の安全を迅速に確保し適切な保護を図るため、又は保護延長者の心身の状況、その置かれている環境その他の状況を把握するため、保護延長者の一時保護を行い、又は適当な者に委託して、当該一時保護を行わせることができる。 <u>一　満十八歳に満たないときにされた措置に関する承認の申立てに係る児童であつた者であつて、当該申立てに対する審判が確定していないもの又は当該申立てに対する承認の審判がなされた後において第二十八条第一項第一号若しくは第二号ただし書若しくは第二項ただし書の規定による措置が採られていないもの</u> <u>二　第三十一条第二項から第四項までの規定による措置が採られている者（前号に掲げる者を除</u>

改　正　後	改　正　前
⑪・⑫　（略）	く。） ⑪・⑫　（同左）
第三十三条の七　<u>児童</u>の親権者に係る民法第八百三十四条本文、第八百三十四条の二第一項、第八百三十五条又は第八百三十六条の規定による親権喪失、親権停止若しくは管理権喪失の審判の請求又はこれらの審判の取消しの請求は、これらの規定に定める者のほか、児童相談所長も、これを行うことができる。	第三十三条の七　<u>児童等</u>の親権者に係る民法第八百三十四条本文、第八百三十四条の二第一項、第八百三十五条又は第八百三十六条の規定による親権喪失、親権停止若しくは管理権喪失の審判の請求又はこれらの審判の取消しの請求は、これらの規定に定める者のほか、児童相談所長も、これを行うことができる。
第三十三条の八　児童相談所長は、親権を行う者のない<u>児童</u>について、その福祉のため必要があるときは、家庭裁判所に対し未成年後見人の選任を請求しなければならない。 ②　児童相談所長は、前項の規定による未成年後見人の選任の請求に<u>係る児童</u>（小規模住居型児童養育事業を行う者若しくは里親に委託<u>中、児童福祉施設に入所中</u>又は一時保護中の児童を除く。）に対し、親権を行う者又は未成年後見人があるに至るまでの間、親権を行う。ただし、民法第七百九十七条の規定による縁組の承諾をするには、厚生労働省令の定めるところにより、都道府県知事の許可を得なければならない。	第三十三条の八　児童相談所長は、親権を行う者のない<u>児童等</u>について、その福祉のため必要があるときは、家庭裁判所に対し未成年後見人の選任を請求しなければならない。 ②　児童相談所長は、前項の規定による未成年後見人の選任の請求に<u>係る児童等</u>（小規模住居型児童養育事業を行う者若しくは里親に委託<u>中若しくは児童福祉施設に入所中の児童等</u>又は一時保護中の児童を除く。）に対し、親権を行う者又は未成年後見人があるに至るまでの間、親権を行う。ただし、民法第七百九十七条の規定による縁組の承諾をするには、厚生労働省令の定めるところにより、都道府県知事の許可を得なければならない。

改　正　後	改　正　前
第三十三条の九　児童の未成年後見人に、不正な行為、著しい不行跡その他後見の任務に適しない事由があるときは、民法第八百四十六条の規定による未成年後見人の解任の請求は、同条に定める者のほか、児童相談所長も、これを行うことができる。 第四十七条　児童福祉施設の長は、入所中の児童で親権を行う者又は未成年後見人のないものに対し、親権を行う者又は未成年後見人があるに至るまでの間、親権を行う。ただし、民法第七百九十七条の規定による縁組の承諾をするには、厚生労働省令の定めるところにより、都道府県知事の許可を得なければならない。 ②　児童相談所長は、小規模住居型児童養育事業を行う者又は里親に委託中の児童で親権を行う者又は未成年後見人のないものに対し、親権を行う者又は未成年後見人があるに至るまでの間、親権を行う。ただし、民法第七百九十七条の規定による縁組の承諾をするには、厚生労働省令の定めるところにより、都道府県知事の許可を得なければならない。 ③　児童福祉施設の長、その住居において養育を行う第六条の三第八項に規定する厚生労働省令で定め	第三十三条の九　児童等の未成年後見人に、不正な行為、著しい不行跡その他後見の任務に適しない事由があるときは、民法第八百四十六条の規定による未成年後見人の解任の請求は、同条に定める者のほか、児童相談所長も、これを行うことができる。 第四十七条　児童福祉施設の長は、入所中の児童等で親権を行う者又は未成年後見人のないものに対し、親権を行う者又は未成年後見人があるに至るまでの間、親権を行う。ただし、民法第七百九十七条の規定による縁組の承諾をするには、厚生労働省令の定めるところにより、都道府県知事の許可を得なければならない。 ②　児童相談所長は、小規模住居型児童養育事業を行う者又は里親に委託中の児童等で親権を行う者又は未成年後見人のないものに対し、親権を行う者又は未成年後見人があるに至るまでの間、親権を行う。ただし、民法第七百九十七条の規定による縁組の承諾をするには、厚生労働省令の定めるところにより、都道府県知事の許可を得なければならない。 ③　児童福祉施設の長、その住居において養育を行う第六条の三第八項に規定する厚生労働省令で定め

改正後	改正前
る者又は里親は、入所中又は受託中の児童で親権を行う者又は未成年後見人のあるものについても、監護、教育及び懲戒に関し、その児童の福祉のため必要な措置をとることができる。 ④　前項の児童の親権を行う者又は未成年後見人は、同項の規定による措置を不当に妨げてはならない。 ⑤　第三項の規定による措置は、児童の生命又は身体の安全を確保するため緊急の必要があると認めるときは、その親権を行う者又は未成年後見人の意に反しても、これをとることができる。この場合において、児童福祉施設の長、小規模住居型児童養育事業を行う者又は里親は、速やかに、そのとつた措置について、当該児童に係る通所給付決定若しくは入所給付決定、第二十一条の六、第二十四条第五項若しくは第六項若しくは第二十七条第一項第三号の措置、助産の実施若しくは母子保護の実施又は当該児童に係る子ども・子育て支援法第二十条第四項に規定する支給認定を行つた都道府県又は市町村の長に報告しなければならない。 第五十七条の三　（略） ②　都道府県は、小児慢性特定疾病	る者又は里親は、入所中又は受託中の児童等で親権を行う者又は未成年後見人のあるものについても、監護、教育及び懲戒に関し、その児童等の福祉のため必要な措置をとることができる。 ④　前項の児童等の親権を行う者又は未成年後見人は、同項の規定による措置を不当に妨げてはならない。 ⑤　第三項の規定による措置は、児童等の生命又は身体の安全を確保するため緊急の必要があると認めるときは、その親権を行う者又は未成年後見人の意に反しても、これをとることができる。この場合において、児童福祉施設の長、小規模住居型児童養育事業を行う者又は里親は、速やかに、そのとつた措置について、当該児童等に係る通所給付決定若しくは入所給付決定、第二十一条の六、第二十四条第五項若しくは第六項若しくは第二十七条第一項第三号の措置、助産の実施若しくは母子保護の実施又は当該児童に係る子ども・子育て支援法第二十条第四項に規定する支給認定を行つた都道府県又は市町村の長に報告しなければならない。 第五十七条の三　（同左） ②　都道府県は、小児慢性特定疾病

改　正　後	改　正　前
医療費の支給に関して必要があると認めるときは、<u>小児慢性特定疾病児童の保護者若しくは成年患者若しくは小児慢性特定疾病児童等</u>の属する世帯の世帯主その他その世帯に属する者又はこれらの者であつた者に対し、報告若しくは文書その他の物件の提出若しくは提示を命じ、又は当該職員に質問させることができる。 ③・④　（略）	医療費の支給に関して必要があると認めるときは、<u>小児慢性特定疾病児童等</u>の保護者若しくは<u>小児慢性特定疾病児童等</u>の属する世帯の世帯主その他その世帯に属する者又はこれらの者であつた者に対し、報告若しくは文書その他の物件の提出若しくは提示を命じ、又は当該職員に質問させることができる。 ③・④　（同左）
第五十七条の三の三　（略） ②　厚生労働大臣は、小児慢性特定疾病医療費の支給に関して緊急の必要があると認めるときは、当該都道府県の知事との密接な連携の下に、当該小児慢性特定疾病医療費の支給に係る<u>小児慢性特定疾病児童の保護者若しくは成年患者又はこれらの者</u>であつた者に対し、当該小児慢性特定疾病医療費の支給に係る小児慢性特定疾病医療支援の内容に関し、報告若しくは文書その他の物件の提出若しくは提示を命じ、又は当該職員に質問させることができる。 ③〜⑦　（略）	第五十七条の三の三　（同左） ②　厚生労働大臣は、小児慢性特定疾病医療費の支給に関して緊急の必要があると認めるときは、当該都道府県の知事との密接な連携の下に、当該小児慢性特定疾病医療費の支給に係る<u>小児慢性特定疾病児童等の保護者又は小児慢性特定疾病児童等の保護者</u>であつた者に対し、当該小児慢性特定疾病医療費の支給に係る小児慢性特定疾病医療支援の内容に関し、報告若しくは文書その他の物件の提出若しくは提示を命じ、又は当該職員に質問させることができる。 ③〜⑦　（同左）
第五十七条の四　（略） ②　都道府県は、小児慢性特定疾病医療費の支給に関して必要があると認めるときは、<u>小児慢性特定疾</u>	第五十七条の四　（同左） ②　都道府県は、小児慢性特定疾病医療費の支給に関して必要があると認めるときは、<u>小児慢性特定疾</u>

改　正　後	改　正　前
<u>病児童の保護者若しくは成年患者又は</u>小児慢性特定疾病児童等の属する世帯の世帯主その他その世帯に属する者の資産又は収入の状況につき、官公署に対し必要な文書の閲覧若しくは資料の提供を求め、又は銀行、信託会社その他の機関若しくは<u>小児慢性特定疾病児童の保護者若しくは成年患者</u>の雇用主その他の関係人に報告を求めることができる。 ③　（略）	病児童等の保護者又は小児慢性特定疾病児童等の属する世帯の世帯主その他その世帯に属する者の資産又は収入の状況につき、官公署に対し必要な文書の閲覧若しくは資料の提供を求め、又は銀行、信託会社その他の機関若しくは<u>小児慢性特定疾病児童等の保護者</u>の雇用主その他の関係人に報告を求めることができる。 ③　（同左）

○競馬法（昭和二十三年法律第百五十八号）

(傍線部分は改正部分)

改　正　後	改　正　前
（勝馬投票券の購入等の制限） 第二十八条　二十歳未満の者は、勝馬投票券を購入し、又は譲り受けてはならない。	（勝馬投票券の購入等の制限） 第二十八条　未成年者は、勝馬投票券を購入し、又は譲り受けてはならない。

〇自転車競技法（昭和二十三年法律第二百九号）

（傍線部分は改正部分）

改　正　後	改　正　前
第九条　二十歳未満の者は、車券を購入し、又は譲り受けてはならない。	第九条　未成年者は、車券を購入し、又は譲り受けてはならない。

○小型自動車競走法（昭和二十五年法律第二百八号）

（傍線部分は改正部分）

改　正　後	改　正　前
第十三条　二十歳未満の者は、勝車投票券を購入し、又は譲り受けてはならない。	第十三条　未成年者は、勝車投票券を購入し、又は譲り受けてはならない。

〇モーターボート競走法（昭和二十六年法律第二百四十二号）

（傍線部分は改正部分）

改　正　後	改　正　前
第十二条　二十歳未満の者は、舟券を購入し、又は譲り受けてはならない。	第十二条　未成年者は、舟券を購入し、又は譲り受けてはならない。

○アルコール健康障害対策基本法（平成二十五年法律第百九号）

（傍線部分は改正部分）

改 正 後	改 正 前
（定義） 第二条　この法律において「アルコール健康障害」とは、アルコール依存症その他の多量の飲酒、二十歳未満の者の飲酒、妊婦の飲酒等の不適切な飲酒の影響による心身の健康障害をいう。	（定義） 第二条　この法律において「アルコール健康障害」とは、アルコール依存症その他の多量の飲酒、未成年者の飲酒、妊婦の飲酒等の不適切な飲酒の影響による心身の健康障害をいう。

○水先法（昭和二十四年法律第百二十一号）

（傍線部分は改正部分）

改　正　後	改　正　前
（登録の要件等） 第十五条　国土交通大臣は、前条の規定による登録の申請が次に掲げる要件の全てに適合しているときは、その登録をしなければならない。この場合において、登録に関して必要な手続は、国土交通省令で定める。 　一　（略） 　二　次に掲げる条件のいずれにも適合する講師により水先人養成施設における水先人の養成が行われるものであること。 　　イ　十八歳以上であること。 　　ロ・ハ　（略） 2・3　（略）	（登録の要件等） 第十五条　国土交通大臣は、前条の規定による登録の申請が次に掲げる要件のすべてに適合しているときは、その登録をしなければならない。この場合において、登録に関して必要な手続は、国土交通省令で定める。 　一　（同左） 　二　次に掲げる条件のいずれにも適合する講師により水先人養成施設における水先人の養成が行われるものであること。 　　イ　二十歳以上であること。 　　ロ・ハ　（同左） 2・3　（同左）
（登録の要件等） 第三十条　国土交通大臣は、前条の規定による登録の申請が、次に掲げる要件の全てに適合しているときは、その登録をしなければならない。この場合において、登録に関して必要な手続は、国土交通省令で定める。 　一　（略） 　二　次に掲げる条件のいずれにも適合する講師により水先免許更新講習が行われるものであること。 　　イ　十八歳以上であること。	（登録の要件等） 第三十条　国土交通大臣は、前条の規定による登録の申請が、次に掲げる要件のすべてに適合しているときは、その登録をしなければならない。この場合において、登録に関して必要な手続は、国土交通省令で定める。 　一　（同左） 　二　次に掲げる条件のいずれにも適合する講師により水先免許更新講習が行われるものであること。 　　イ　二十歳以上であること。

改　正　後	改　正　前
ロ・ハ　（略） 2・3　（略）	ロ・ハ　（同左） 2・3　（同左）

○国籍法（昭和二十五年法律第百四十七号）

（傍線部分は改正部分）

改　正　後	改　正　前
（認知された子の国籍の取得） 第三条　父又は母が認知した子で<u>十八歳</u>未満のもの（日本国民であつた者を除く。）は、認知をした父又は母が子の出生の時に日本国民であつた場合において、その父又は母が現に日本国民であるとき、又はその死亡の時に日本国民であつたときは、法務大臣に届け出ることによつて、日本の国籍を取得することができる。 2　（略）	（認知された子の国籍の取得） 第三条　父又は母が認知した子で<u>二十歳</u>未満のもの（日本国民であつた者を除く。）は、認知をした父又は母が子の出生の時に日本国民であつた場合において、その父又は母が現に日本国民であるとき、又はその死亡の時に日本国民であつたときは、法務大臣に届け出ることによつて、日本の国籍を取得することができる。 2　（同左）
第五条　法務大臣は、次の条件を備える外国人でなければ、その帰化を許可することができない。 一　（略） 二　<u>十八歳</u>以上で本国法によつて行為能力を有すること。 三～六　（略） 2　（略）	第五条　法務大臣は、次の条件を備える外国人でなければ、その帰化を許可することができない。 一　（同左） 二　<u>二十歳</u>以上で本国法によつて行為能力を有すること。 三～六　（同左） 2　（同左）
（国籍の選択） 第十四条　外国の国籍を有する日本国民は、外国及び日本の国籍を有することとなつた時が<u>十八歳</u>に達する以前であるときは<u>二十歳</u>に達するまでに、その時が<u>十八歳</u>に達した後であるときはその時から二年以内に、いずれかの国籍を選択しなければならない。	（国籍の選択） 第十四条　外国の国籍を有する日本国民は、外国及び日本の国籍を有することとなつた時が<u>二十歳</u>に達する以前であるときは<u>二十二歳</u>に達するまでに、その時が<u>二十歳</u>に達した後であるときはその時から二年以内に、いずれかの国籍を選択しなければならない。

改　正　後	改　正　前
2　（略）	2　（同左）
（国籍の再取得） 第十七条　第十二条の規定により日本の国籍を失つた者で<u>十八歳未満</u>のものは、日本に住所を有するときは、法務大臣に届け出ることによつて、日本の国籍を取得することができる。 2・3　（略）	（国籍の再取得） 第十七条　第十二条の規定により日本の国籍を失つた者で<u>二十歳未満</u>のものは、日本に住所を有するときは、法務大臣に届け出ることによつて、日本の国籍を取得することができる。 2・3　（同左）

○社会福祉法（昭和二十六年法律第四十五号）

（傍線部分は改正部分）

改　正　後	改　正　前
（資格等） 第十九条　社会福祉主事は、都道府県知事又は市町村長の補助機関である職員とし、年齢十八年以上の者であつて、人格が高潔で、思慮が円熟し、社会福祉の増進に熱意があり、かつ、次の各号のいずれかに該当するもののうちから任用しなければならない。 一～五　（略） 2　（略）	（資格等） 第十九条　社会福祉主事は、都道府県知事又は市町村長の補助機関である職員とし、年齢二十年以上の者であつて、人格が高潔で、思慮が円熟し、社会福祉の増進に熱意があり、かつ、次の各号のいずれかに該当するもののうちから任用しなければならない。 一～五　（同左） 2　（同左）

○船舶職員及び小型船舶操縦者法（昭和二十六年法律第百四十九号）

(傍線部分は改正部分)

改　正　後			改　正　前		
別表第一（第十七条の二関係）			別表第一（第十七条の二関係）		
海技免許講習	施設及び設備	条件	海技免許講習	施設及び設備	条件
一　レーダー観測者講習	一　講義室 二　レーダー実習室 三　レーダー 四　海図及び海図用具	一　十八歳以上であること。 二〜四　（略）	一　レーダー観測者講習	一　講義室 二　レーダー実習室 三　レーダー 四　海図及び海図用具	一　二十歳以上であること。 二〜四　（同左）
二　レーダー・自動衝突予防援助装置シミュレータ講習	一　レーダー・自動衝突予防援助装置シミュレータ実習室 二　レーダー・自動衝突予防援助装置シミュレータ 三　プロッティング用具		二　レーダー・自動衝突予防援助装置シミュレータ講習	一　レーダー・自動衝突予防援助装置シミュレータ実習室 二　レーダー・自動衝突予防援助装置シミュレータ 三　プロッティング用具	
三　（略）	一〜七（略）	一・二（略）	三　（同左）	一〜七（同左）	一・二（同左）
四　（略）	一〜六（略）		四　（同左）	一〜六（同左）	

改　正　後			改　正　前		
五　（略）	一〜三（略）	一・二　（略）	五　（同左）	一〜三（同左）	一・二　（同左）
六　（略）	一〜三（略）	一・二　（略）	六　（同左）	一〜三（同左）	一・二　（同左）

　備考
　　一〜十一　（略）

　備考
　　一〜十一　（同左）

別表第二（第十七条の十七関係）　　　別表第二（第十七条の十七関係）

海技免状更新講習	施設及び設備	条件	海技免状更新講習	施設及び設備	条件
一　上級航海更新講習	一　講義室 二　次に掲げる事項を内容とした視聴覚教材 　イ　海上における事故及び災害の防止に関すること。 　ロ　最新の船舶技術に関すること。 　ハ　最新の海事法令に関すること。	一　十八歳以上であること。 二・三　（略）	一　上級航海更新講習	一　講義室 二　次に掲げる事項を内容とした視聴覚教材 　イ　海上における事故及び災害の防止に関すること。 　ロ　最新の船舶技術に関すること。 　ハ　最新の海事法令に関すること。	一　二十歳以上であること。 二・三　（同左）
二　（略）		一・二　（略）	二　（同左）		一・二　（同左）
三　（略）		一・二　（略）	三　（同左）		一・二　（同左）
四　（略）		一・二　（略）	四　（同左）		一・二　（同左）
五　（略）		一・二　（略）	五　（同左）		一・二　（同左）

巻末資料1　133

改　正　後			改　正　前		
	三　視聴覚教材を使用するために必要な設備			三　視聴覚教材を使用するために必要な設備	

備考
　一～五　（略）

備考
　一～五　（同左）

別表第三（第十七条の十九関係）

別表第三（第十七条の十九関係）

船舶職員養成施設	施設及び設備	条件
一　三級海技士（航海）養成施設、四級海技士（航海）養成施設、五級海技士（航海）養成施設、六級海技士（航海）養成施設	一　講義室 二　航海実習室その他航海に関する実習に必要な実習室 三　実習用船舶 四　航海計器 五　水路図誌 六　操舵装置、係船設備その他の船舶設備 七　甲板作業用具 八　検知器具及び保護具	一　十八歳以上であること。 二・三　（略）

船舶職員養成施設	施設及び設備	条件
一　三級海技士（航海）養成施設、四級海技士（航海）養成施設、五級海技士（航海）養成施設、六級海技士（航海）養成施設	一　講義室 二　航海実習室その他航海に関する実習に必要な実習室 三　実習用船舶 四　航海計器 五　水路図誌 六　操舵装置、係船設備その他の船舶設備 七　甲板作業用具 八　検知器具及び保護具	一　二十歳以上であること。 二・三　（同左）

改正後			改正前		
	九 船灯及び航海灯シミュレータ 十 公用及び船用航海日誌 十一 気象及び海象の観測用計器 十二 天気図 十三 教育に必要な模型、掛図、書籍その他の教材			九 船灯及び航海灯シミュレータ 十 公用及び船用航海日誌 十一 気象及び海象の観測用計器 十二 天気図 十三 教育に必要な模型、掛図、書籍その他の教材	
二 (略)	一~十二 (略)	一・二 (略)	二 (同左)	一~十二 (同左)	一・二 (同左)

備考
　一~五　(略)

備考
　一~五　(同左)

別表第四（第二十三条の二十六関係）　　別表第四（第二十三条の二十六関係）

小型船舶教習所	施設及び設備	条件	小型船舶教習所	施設及び設備	条件
一 一級小型船舶操縦士教習所、二級小型船舶操縦士教習所	一 講義室 二 実習水域（実習期間中においては、原則として占	一 <u>十八歳</u>以上であること。 二・三 (略)	一 一級小型船舶操縦士教習所、二級小型船舶操縦士教習所	一 講義室 二 実習水域（実習期間中においては、原則として占	一 二十歳以上であること。 二・三 (同左)

改　正　後	改　正　前
用することができるものに限る。上欄二の項において同じ。) 三　実習用小型船舶（その教習を行うための小型船舶操縦士に係る技能限定の有無及び内容に応じたものに限る。) 四　水路図誌 五　航海計器 六　操舵設備、係船設備及び航海用具 七　救命器具 八　信号装置 九　国際信号旗 十　教育に	用することができるものに限る。上欄二の項において同じ。) 三　実習用小型船舶（その教習を行うための小型船舶操縦士に係る技能限定の有無及び内容に応じたものに限る。) 四　水路図誌 五　航海計器 六　操舵設備、係船設備及び航海用具 七　救命器具 八　信号装置 九　国際信号旗 十　教育に

改　正　後			改　正　前		
	必要な模型、掛図、書籍その他の教材			必要な模型、掛図、書籍その他の教材	
二　（略）	一〜五（略）	一・二　（略）	二　（同左）	一〜五（同左）	一・二　（同左）
備考 　一〜三　（略）			備考 　一〜三　（同左）		

別表第五（第二十三条の三十関係）　　　別表第五（第二十三条の三十関係）

施設及び設備	条件
一　講義室 二・三　（略）	一　十八歳以上であること。 二・三　（略）

施設及び設備	条件
一　講義室 二・三　（同左）	一　二十歳以上であること。 二・三　（同左）

○旅券法（昭和二十六年法律第二百六十七号）

（傍線部分が改正部分）

改　正　後	改　正　前
（一般旅券の発行） 第五条　外務大臣又は領事官は、第三条の規定による発給の申請に基づき、外務大臣が指定する地域（第三項及び第四項において「指定地域」という。）以外の全ての地域を渡航先として記載した有効期間が十年の数次往復用の一般旅券を発行する。ただし、当該発給の申請をする者が次の各号に掲げる場合のいずれかに該当するときは、有効期間を五年とする。 一　（略） 二　十八歳未満の者である場合 2～5　（略）	（一般旅券の発行） 第五条　外務大臣又は領事官は、第三条の規定による発給の申請に基づき、外務大臣が指定する地域（第三項及び第四項において「指定地域」という。）以外の全ての地域を渡航先として記載した有効期間が十年の数次往復用の一般旅券を発行する。ただし、当該発給の申請をする者が次の各号に掲げる場合のいずれかに該当するときは、有効期間を五年とする。 一　（同左） 二　二十歳未満の者である場合 2～5　（同左）

○船舶安全法及び船舶職員法の一部を改正する法律（平成三年法律第七十五号）

（傍線部分は改正部分）

改　正　後	改　正　前
附　則 （準用） 第六条　船舶職員及び小型船舶操縦者法第十七条から第十七条の三までの規定は電子通信移行講習並びに附則第三条の登録及びその更新について、同法第十七条の四から第十七条の十三まで及び第十七条の十五（同条第五号を除く。）の規定は登録電子通信移行講習、登録電子通信移行講習を行う者（以下「登録電子通信移行講習実施機関」という。）及び登録電子通信移行講習の実施に関する事務について準用する。この場合において、同法第十七条の二第一項中「別表第一の上欄に掲げる海技免許講習の種類に応じ、それぞれ同表の中欄」とあるのは、「二級海技士（通信）又は三級海技士（通信）の資格に応じ、それぞれ船舶安全法及び船舶職員法の一部を改正する法律別表の上欄」と読み替えるほか、必要な技術的読替えは、政令で定める。	附　則 （準用） 第六条　船舶職員及び小型船舶操縦者法第十七条から第十七条の三までの規定は電子通信移行講習並びに附則第三条の登録及びその更新について、同法第十七条の四から第十七条の十三まで及び第十七条の十五（同条第五号を除く。）の規定は登録電子通信移行講習、登録電子通信移行講習を行う者（以下「登録電子通信移行講習実施機関」という。）及び登録電子通信移行講習の実施に関する事務について準用する。この場合において、同法第十七条の二第一項中「別表第一の上欄に掲げる海技免許講習の種類に応じ、それぞれ同表の中欄」とあるのは、「二級海技士（通信）又は三級海技士（通信）の資格に応じ、それぞれ船舶安全法及び船舶職員法の一部を改正する法律別表の上欄」と読み替えるほか、必要な技術的読替えは、政令で定める。
別表（附則第六条関係）	別表（附則第六条関係）
施設及び設備／条件 一　講義室／一　十八歳以上であること。 二　教育に必	施設及び設備／条件 一　講義室／一　二十歳以上であること。 二　教育に必

改　正　後		改　正　前	
要な掛図、写真、書籍その他の教材	二・三　（略）	要な掛図、写真、書籍その他の教材	二・三　（同左）

〇性同一性障害者の性別の取扱いの特例に関する法律(平成十五年法律第百十一号)

(傍線部分は改正部分)

改　正　後	改　正　前
(性別の取扱いの変更の審判) 第三条　家庭裁判所は、性同一性障害者であって次の各号のいずれにも該当するものについて、その者の請求により、性別の取扱いの変更の審判をすることができる。 一　十八歳以上であること。 二〜五　(略) 2　(略)	(性別の取扱いの変更の審判) 第三条　家庭裁判所は、性同一性障害者であって次の各号のいずれにも該当するものについて、その者の請求により、性別の取扱いの変更の審判をすることができる。 一　二十歳以上であること。 二〜五　(同左) 2　(同左)

○酒税法（昭和二十八年法律第六号）

（傍線部分は改正部分）

改　正　後	改　正　前
（製造免許等の要件） 第十条　第七条第一項、第八条又は前条第一項の規定による酒類の製造免許、酒母若しくはもろみの製造免許又は酒類の販売業免許の申請があつた場合において、次の各号のいずれかに該当するときは、税務署長は、酒類の製造免許、酒母若しくはもろみの製造免許又は酒類の販売業免許を与えないことができる。 一～七　（略） 七の二　免許の申請者が<u>二十歳未満ノ者ノ飲酒ノ禁止ニ関スル法律</u>（大正十一年法律第二十号）の規定、風俗営業等の規制及び業務の適正化等に関する法律（昭和二十三年法律第百二十二号）第五十条第一項第四号（同法第二十二条第一項第六号（禁止行為等）（酒類の提供に係る部分に限り、同法第三十一条の二十三（準用）及び第三十二条第三項（深夜における飲食店営業の規制等）において準用する場合を含む。）に係る部分に限る。以下この号において同じ。）、第五十条第一項第五号（同法第二十八条第十二項第五号（店舗型性風俗特殊営業の禁止区域等）（酒類の提供に係る部分に限り、同法第三十一条の三第二項（接	（製造免許等の要件） 第十条　第七条第一項、第八条又は前条第一項の規定による酒類の製造免許、酒母若しくはもろみの製造免許又は酒類の販売業免許の申請があつた場合において、次の各号のいずれかに該当するときは、税務署長は、酒類の製造免許、酒母若しくはもろみの製造免許又は酒類の販売業免許を与えないことができる。 一～七　（同左） 七の二　免許の申請者が<u>未成年者飲酒禁止法</u>（大正十一年法律第二十号）の規定、風俗営業等の規制及び業務の適正化等に関する法律（昭和二十三年法律第百二十二号）第五十条第一項第四号（同法第二十二条第一項第六号（禁止行為等）（酒類の提供に係る部分に限り、同法第三十一条の二十三（準用）及び第三十二条第三項（深夜における飲食店営業の規制等）において準用する場合を含む。）に係る部分に限る。以下この号において同じ。）、第五十条第一項第五号（同法第二十八条第十二項第五号（店舗型性風俗特殊営業の禁止区域等）（酒類の提供に係る部分に限り、同法第三十一条の三第二項（接客従業者に対する拘束

改正後	改正前
客従業者に対する拘束的行為の規制等）の規定により適用する場合を含む。）に係る部分に限る。以下この号において同じ。）、第五十条第一項第八号（同法第三十一条の十三第二項第六号（店舗型電話異性紹介営業の禁止区域等）（酒類の提供に係る部分に限る。）に係る部分に限る。以下この号において同じ。）若しくは第五十六条（同法第五十条第一項第四号、第五号又は第八号に係る部分に限る。）の規定若しくは暴力団員による不当な行為の防止等に関する法律（平成三年法律第七十七号）の規定（同法第五十条（第二号に係る部分に限る。）及び第五十二条の規定を除く。）により、又は刑法（明治四十年法律第四十五号）第二百四条（傷害）、第二百六条（現場助勢）、第二百八条（暴行）、第二百八条の二（凶器準備集合及び結集）、第二百二十二条（脅迫）若しくは第二百四十七条（背任）の罪若しくは暴力行為等処罰に関する法律（大正十五年法律第六十号）の罪を犯したことにより、罰金の刑に処せられ、その執行を終わり、又は執行を受けることがなくなつた日から三年を経過するまでの者である場合 八〜十二　（略）	的行為の規制等）の規定により適用する場合を含む。）に係る部分に限る。以下この号において同じ。）、第五十条第一項第八号（同法第三十一条の十三第二項第六号（店舗型電話異性紹介営業の禁止区域等）（酒類の提供に係る部分に限る。）に係る部分に限る。以下この号において同じ。）若しくは第五十六条（同法第五十条第一項第四号、第五号又は第八号に係る部分に限る。）の規定若しくは暴力団員による不当な行為の防止等に関する法律（平成三年法律第七十七号）の規定（同法第五十条（第二号に係る部分に限る。）及び第五十二条の規定を除く。）により、又は刑法（明治四十年法律第四十五号）第二百四条（傷害）、第二百六条（現場助勢）、第二百八条（暴行）、第二百八条の二（凶器準備集合及び結集）、第二百二十二条（脅迫）若しくは第二百四十七条（背任）の罪若しくは暴力行為等処罰に関する法律（大正十五年法律第六十号）の罪を犯したことにより、罰金の刑に処せられ、その執行を終わり、又は執行を受けることがなくなつた日から三年を経過するまでの者である場合 八〜十二　（同左）

巻末資料1　143

〇酒税の保全及び酒類業組合等に関する法律（昭和二十八年法律第七号）
（傍線部分は改正部分）

改　正　後	改　正　前
（酒類販売管理者） 第八十六条の九　酒類小売業者（酒類製造業者又は酒類卸売業者であつて酒類製造業者及び酒類販売業者以外の者に酒類を販売する者を含む。以下この条において同じ。）は、販売場ごとに、財務省令で定めるところにより、当該販売場において酒類の販売業務に従事する者であつて、酒類の販売業務に関する法令（酒税法、この法律、<u>二十歳未満ノ者ノ飲酒ノ禁止ニ関スル法律</u>（大正十一年法律第二十号）、私的独占の禁止及び公正取引の確保に関する法律（昭和二十二年法律第五十四号。第九十三条において「私的独占禁止法」という。）、アルコール健康障害対策基本法（平成二十五年法律第百九号）その他の財務省令で定める法令をいう。以下この条において同じ。）に係る研修（小売酒販組合、小売酒販組合連合会又は小売酒販組合中央会その他の法人その他の団体であつて、財務大臣が、財務省令で定めるところにより、酒類の販売業務に関する法令の知識が十分であり、かつ、当該研修を適正かつ確実に行うことができると認めて指定したものが行うものをいう。第六項及び第九項において単に「酒	（酒類販売管理者） 第八十六条の九　酒類小売業者（酒類製造業者又は酒類卸売業者であつて酒類製造業者及び酒類販売業者以外の者に酒類を販売する者を含む。以下この条において同じ。）は、販売場ごとに、財務省令で定めるところにより、当該販売場において酒類の販売業務に従事する者であつて、酒類の販売業務に関する法令（酒税法、この法律、<u>未成年者飲酒禁止法</u>（大正十一年法律第二十号）、私的独占の禁止及び公正取引の確保に関する法律（昭和二十二年法律第五十四号。第九十三条において「私的独占禁止法」という。）、アルコール健康障害対策基本法（平成二十五年法律第百九号）その他の財務省令で定める法令をいう。以下この条において同じ。）に係る研修（小売酒販組合、小売酒販組合連合会又は小売酒販組合中央会その他の法人その他の団体であつて、財務大臣が、財務省令で定めるところにより、酒類の販売業務に関する法令の知識が十分であり、かつ、当該研修を適正かつ確実に行うことができると認めて指定したものが行うものをいう。第六項及び第九項において単に「酒類の販売業務に関する法

改　正　後	改　正　前
類の販売業務に関する法令に係る研修」という。）を受けたもののうちから酒類販売管理者を選任し、その者に、当該酒類小売業者又は当該販売場において酒類の販売業務に従事する使用人その他の従業者に対し、これらの者が酒類の販売業務に関する法令の規定を遵守してその業務を実施するために必要な助言又は指導を行わせなければならない。 2〜9　（略）	令に係る研修」という。）を受けたもののうちから酒類販売管理者を選任し、その者に、当該酒類小売業者又は当該販売場において酒類の販売業務に従事する使用人その他の従業者に対し、これらの者が酒類の販売業務に関する法令の規定を遵守してその業務を実施するために必要な助言又は指導を行わせなければならない。 2〜9　（同左）

○恩給法等の一部を改正する法律（昭和五十一年法律第五十一号）

（傍線部分は改正部分）

改　正　後	改　正　前
附　則 （扶助料の年額に係る加算の特例） 第十四条　恩給法第七十五条第一項第一号に規定する扶助料を受ける者が妻であつて、その妻が次の各号のいずれかに該当する場合には、その年額に、当該各号に定める額を加えるものとする。 一　扶養遺族（恩給法第七十五条第三項に規定する扶養遺族をいう。次号において同じ。）である子が二人以上ある場合　二十六万七千五百円（国民年金法等の一部を改正する法律（昭和六十年法律第三十四号）附則第七十八条第二項の規定により読み替えられてなおその効力を有するものとされた同法による改正前の厚生年金保険法（昭和二十九年法律第百十五号）第六十二条の二第一項第一号に規定する子が二人以上あるときの加算額が二十六万七千五百円を上回る場合にあつては、当該加算額から二十六万七千五百円を控除して得た額を勘案して政令で定める額を二十六万七千五百円に加算した額） 二　扶養遺族である子が一人ある場合　十五万二千八百円（国民	附　則 （扶助料の年額に係る加算の特例） 第十四条　恩給法第七十五条第一項第一号に規定する扶助料を受ける者が妻であつて、その妻が次の各号の一に該当する場合には、その年額に、当該各号に掲げる額を加えるものとする。 一　扶養遺族（恩給法第七十五条第三項に規定する扶養遺族をいう。）である子(十八歳以上二十歳未満の子にあつては重度障害の状態にある者に限る。)が二人以上ある場合　二十六万七千五百円（国民年金法等の一部を改正する法律（昭和六十年法律第三十四号）附則第七十八条第二項の規定により読み替えられてなおその効力を有するものとされた同法による改正前の厚生年金保険法（昭和二十九年法律第百十五号）第六十二条の二第一項第一号に規定する子が二人以上あるときの加算額が二十六万七千五百円を上回る場合にあつては、当該加算額から二十六万七千五百円を控除して得た額を勘案して政令で定める額を二十六万七千五百円に加算した額） 二　扶養遺族である子(前号に規定する子に限る。)が一人ある場

改　正　後	改　正　前
年金法等の一部を改正する法律附則第七十八条第二項の規定により読み替えられてなおその効力を有するものとされた同法による改正前の厚生年金保険法第六十二条の二第一項第一号に規定する子が一人あるときの加算額が十五万二千八百円を上回る場合にあつては、当該加算額から十五万二千八百円を控除して得た額を勘案して政令で定める額を十五万二千八百円に加算した額） 　三　（略） 2～5　（略）	合　十五万二千八百円（国民年金法等の一部を改正する法律附則第七十八条第二項の規定により読み替えられてなおその効力を有するものとされた同法による改正前の厚生年金保険法第六十二条の二第一項第一号に規定する子が一人あるときの加算額が十五万二千八百円を上回る場合にあつては、当該加算額から十五万二千八百円を控除して得た額を勘案して政令で定める額を十五万二千八百円に加算した額） 　三　（同左） 2～5　（同左）

○たばこ事業法（昭和五十九年法律第六十八号）

（傍線部分は改正部分）

改　正　後	改　正　前
（許可の取消し等） 第三十一条　財務大臣は、小売販売業者が次の各号のいずれかに該当するときは、第二十二条第一項の許可を取り消し、又は一月以内の期間を定めてその営業の停止を命ずることができる。 一〜八　（略） 九　<u>二十歳未満ノ者ノ喫煙ノ禁止ニ関スル法律（明治三十三年法律第三十三号）第五条の規定に違反して処罰されたとき。</u> 十〜十一　（略）	（許可の取消し等） 第三十一条　財務大臣は、小売販売業者が次の各号のいずれかに該当するときは、第二十二条第一項の許可を取り消し、又は一月以内の期間を定めてその営業の停止を命ずることができる。 一〜八　（同左） 九　<u>未成年者喫煙禁止法（明治三十三年法律第三十三号）第五条の規定に違反して処罰されたとき。</u> 十〜十一　（同左）
（広告に関する勧告等） 第四十条　製造たばこに係る広告を行う者は、<u>二十歳未満の者の喫煙防止</u>及び製造たばこの消費と健康との関係に配慮するとともに、その広告が過度にわたることがないように努めなければならない。 2〜4　（略）	（広告に関する勧告等） 第四十条　製造たばこに係る広告を行う者は、<u>未成年者</u>の喫煙防止及び製造たばこの消費と健康との関係に配慮するとともに、その広告が過度にわたることがないように努めなければならない。 2〜4　（同左）

○児童虐待の防止等に関する法律（平成十二年法律第八十二号）

（傍線部分は改正部分）

改　正　後	改　正　前
（児童虐待の定義） 第二条　この法律において、「児童虐待」とは、保護者（親権を行う者、未成年後見人その他の者で、児童を現に監護するものをいう。以下同じ。）がその監護する児童（十八歳に満たない者をいう。以下同じ。）について行う次に掲げる行為をいう。 一～三　（略） 四　児童に対する著しい暴言又は著しく拒絶的な対応、児童が同居する家庭における配偶者に対する暴力（配偶者（婚姻の届出をしていないが、事実上婚姻関係と同様の事情にある者を含む。）の身体に対する不法な攻撃であって生命又は身体に危害を及ぼすもの及びこれに準ずる心身に有害な影響を及ぼす言動をいう。）その他の児童に著しい心理的外傷を与える言動を行うこと。 （削る）	（児童虐待の定義） 第二条　この法律において、「児童虐待」とは、保護者（親権を行う者、未成年後見人その他の者で、児童を現に監護するものをいう。以下同じ。）がその監護する児童（十八歳に満たない者をいう。以下同じ。）について行う次に掲げる行為をいう。 一～三　（同左） 四　児童に対する著しい暴言又は著しく拒絶的な対応、児童が同居する家庭における配偶者に対する暴力（配偶者（婚姻の届出をしていないが、事実上婚姻関係と同様の事情にある者を含む。）の身体に対する不法な攻撃であって生命又は身体に危害を及ぼすもの及びこれに準ずる心身に有害な影響を及ぼす言動をいう。第十六条において同じ。）その他の児童に著しい心理的外傷を与える言動を行うこと。 （延長者等の特例） 第十六条　児童福祉法第三十一条第四項に規定する延長者（以下この条において「延長者」という。）、延長者の親権を行う者、未成年後見人その他の者で、延長者を現に監護する者（以下この項において「延

巻末資料1

改正後	改正前
	長者の監護者」という。）及び延長者の監護者がその監護する延長者について行う次に掲げる行為（以下この項において「延長者虐待」という。）については、延長者を児童と、延長者の監護者を保護者と、延長者虐待を児童虐待と、同法第三十一条第二項から第四項までの規定による措置を同法第二十七条第一項第一号から第三号まで又は第二項の規定による措置とみなして、第十一条第一項から第三項まで及び第五項、第十二条の四並びに第十三条第一項の規定を適用する。 一　延長者の身体に外傷が生じ、又は生じるおそれのある暴行を加えること。 二　延長者にわいせつな行為をすること又は延長者をしてわいせつな行為をさせること。 三　延長者の心身の正常な発達を妨げるような著しい減食又は長時間の放置、延長者の監護者以外の同居人による前二号又は次号に掲げる行為と同様の行為の放置その他の延長者の監護者としての監護を著しく怠ること。 四　延長者に対する著しい暴言又は著しく拒絶的な対応、延長者が同居する家庭における配偶者に対する暴力その他の延長者に著しい心理的外傷を与える言動

改　正　後	改　正　前
	を行うこと。 2　延長者又は児童福祉法第三十三条第十項に規定する保護延長者（以下この項において「延長者等」という。）、延長者等の親権を行う者、未成年後見人その他の者で、延長者等を現に監護する者（以下この項において「延長者等の監護者」という。）及び延長者等の監護者がその監護する延長者等について行う次に掲げる行為（以下この項において「延長者等虐待」という。）については、延長者等を児童と、延長者等の監護者を保護者と、延長者等虐待を児童虐待と、同法第三十一条第二項から第四項までの規定による措置を同法第二十七条第一項第一号から第三号まで又は第二項の規定による措置と、同法第三十三条第八項から第十一項までの規定による一時保護を同条第一項又は第二項の規定による一時保護とみなして、第十一条第四項、第十二条から第十二条の三まで、第十三条第二項から第四項まで、第十三条の二、第十三条の四及び第十三条の五の規定を適用する。 一　延長者等の身体に外傷が生じ、又は生じるおそれのある暴行を加えること。 二　延長者等にわいせつな行為をすること又は延長者等をしてわ

改正後	改正前
	いせつな行為をさせること。 三 <u>延長者等</u>の心身の正常な発達を妨げるような著しい減食又は長時間の放置、<u>延長者等の監護者</u>以外の同居人による前二号又は次号に掲げる行為と同様の行為の放置その他の<u>延長者等の監護者としての監護</u>を著しく怠ること。 四 <u>延長者等</u>に対する著しい暴言又は著しく拒絶的な対応、<u>延長者等</u>が同居する家庭における配偶者に対する暴力その他の<u>延長者等</u>に著しい心理的外傷を与える言動を行うこと。
（大都市等の特例） 第十六条　この法律中都道府県が処理することとされている事務で政令で定めるものは、地方自治法（昭和二十二年法律第六十七号）第二百五十二条の十九第一項の指定都市（以下「指定都市」という。）及び同法第二百五十二条の二十二第一項の中核市（以下「中核市」という。）並びに児童福祉法第五十九条の四第一項に規定する児童相談所設置市においては、政令で定めるところにより、指定都市若しくは中核市又は児童相談所設置市（以下「指定都市等」という。）が処理するものとする。この場合においては、この法律中都道府県に関す	（大都市等の特例） 第十七条　（同左）

改　正　後	改　正　前
る規定は、指定都市等に関する規定として指定都市等に適用があるものとする。 （罰則） 第十七条　第十二条の四第一項の規定による命令（同条第二項の規定により同条第一項の規定による命令に係る期間が更新された場合における当該命令を含む。）に違反した者は、一年以下の懲役又は百万円以下の罰金に処する。 第十八条　第十三条第四項の規定に違反した者は、一年以下の懲役又は五十万円以下の罰金に処する。	（罰則） 第十八条　第十二条の四第一項（第十六条第一項の規定によりみなして適用する場合を含む。以下この条において同じ。）の規定による命令（第十二条の四第二項（第十六条第一項の規定によりみなして適用する場合を含む。）の規定により第十二条の四第一項の規定による命令に係る期間が更新された場合における当該命令を含む。）に違反した者は、一年以下の懲役又は百万円以下の罰金に処する。 第十九条　第十三条第四項（第十六条第二項の規定によりみなして適用する場合を含む。）の規定に違反した者は、一年以下の懲役又は五十万円以下の罰金に処する。

○インターネット異性紹介事業を利用して児童を誘引する行為の規制等に関する法律（平成十五年法律第八十三号）

（傍線部分は改正部分）

改　正　後	改　正　前
（欠格事由） 第八条　次の各号のいずれかに該当する者は、インターネット異性紹介事業を行ってはならない。 一～四　（略） <u>五　未成年者</u> 六　（略）	（欠格事由） 第八条　次の各号のいずれかに該当する者は、インターネット異性紹介事業を行ってはならない。 一～四　（同左） <u>五　未成年者（児童でない未成年者にあっては、営業に関し成年者と同一の行為能力を有する者並びにインターネット異性紹介事業者の相続人でその法定代理人が前各号及び次号のいずれにも該当しないものを除く。）</u> 六　（同左）

○公職選挙法等の一部を改正する法律（平成二十七年法律第四十三号）

（傍線部分は改正部分）

改　正　後	改　正　前
附　則 第八条及び第九条　削除	附　則 （民生委員法の適用の特例） 第八条　民生委員法（昭和二十三年法律第百九十八号）第六条第一項の規定の適用については、当分の間、同項中「有する者」とあるのは、「有する者であつて成年に達したもの」とする。 （人権擁護委員法の適用の特例） 第九条　人権擁護委員法（昭和二十四年法律第百三十九号）第六条第三項の規定の適用については、当分の間、同項中「住民」とあるのは、「住民であつて成年に達したもの」とする。

巻末資料2　経過措置（改正法附則）

　　　附　則
（施行期日）
第一条　この法律は、平成三十四年四月一日から施行する。ただし、附則第二十六条の規定は、公布の日から施行する。
（成年に関する経過措置）
第二条　この法律による改正後の民法（以下「新法」という。）第四条の規定は、この法律の施行の日（以下「施行日」という。）以後に十八歳に達する者について適用し、この法律の施行の際に二十歳以上の者の成年に達した時については、なお従前の例による。
2　この法律の施行の際に十八歳以上二十歳未満の者（次項に規定する者を除く。）は、施行日において成年に達するものとする。
3　施行日前に婚姻をし、この法律による改正前の民法（次条第三項において「旧法」という。）第七百五十三条の規定により成年に達したものとみなされた者については、この法律の施行後も、なお従前の例により当該婚姻の時に成年に達したものとみなす。
（婚姻に関する経過措置）
第三条　施行日前にした婚姻の取消し（女が適齢に達していないことを理由とするものに限る。）については、新法第七百三十一条及び第七百四十五条の規定にかかわらず、なお従前の例による。
2　この法律の施行の際に十六歳以上十八歳未満の女は、新法第七百三十一条の規定にかかわらず、婚姻をすることができる。
3　前項の規定による婚姻については、旧法第七百三十七条、第七百四十条（旧法第七百四十一条において準用する場合を含む。）及び第七百五十三条の規定は、なおその効力を有する。
（縁組に関する経過措置）
第四条　施行日前にした縁組の取消し（養親となる者が成年に達していないことを理由とするものに限る。）については、新法第四条、第七百九十二条及び第八百四条の規定並びに附則第二条第二項の規定にかかわらず、なお従前の例による。

（恩給法等の適用に関する経過措置）
第五条　次の各号に掲げる子に対する当該各号に定める規定の適用については、これらの規定中「未成年ノ子」とあるのは「二十歳未満ノ子（婚姻シタル子ヲ除ク）」と、「ナキ成年ノ子」とあるのは「ナキ二十歳以上ノ子（婚姻シタル二十歳未満ノ子ヲ含ム）」とする。
　一　施行日の前日において恩給法（大正十二年法律第四十八号）第四十六条第一項から第三項までの規定による増加恩給について同法第六十五条第二項から第五項までの規定による加給の原因となる未成年の子がある場合における当該子　同条第三項から第五項までの規定
　二　施行日の前日において恩給法第七十三条第一項の規定による扶助料について同法第七十五条第二項及び第三項の規定による加給の原因となる未成年の子がある場合における当該子　同項の規定
　三　施行日の前日において恩給法の一部を改正する法律（昭和二十八年法律第百五十五号）附則第二十二条第一項の規定による増加恩給について同条第三項ただし書において準用する恩給法第六十五条第二項から第五項までの規定による加給の原因となる未成年の子がある場合における当該子　同条第三項から第五項までの規定
　四　施行日の前日において恩給法等の一部を改正する法律（昭和四十六年法律第八十一号）附則第十三条第一項の規定による特例傷病恩給について同条第三項の規定による加給の原因となる未成年の子がある場合における当該子　恩給法第六十五条第三項から第五項までの規定
2　施行日の前日において未成年の子について給与事由が生じている恩給法第七十三条第一項の規定による扶助料に係る当該子に対する同項並びに同法第七十四条及び第八十条第一項の規定の適用については、同法第七十三条第一項中「未成年ノ子」とあるのは「二十歳未満ノ子（婚姻シタル子ヲ除ク）」と、「、成年ノ子」とあるのは「、二十歳以上ノ子（婚姻シタル二十歳未満ノ子ヲ含ム）」と、同法第七十四条及び第八十条第一項第四号中「成年ノ子」とあるのは「二十歳以上ノ子（婚姻シタル二十歳未満ノ子ヲ含ム）」とする。
3　施行日の前日において未成年の子について給与事由が生じている恩給法等の一部を改正する法律（昭和五十一年法律第五十一号）附則第十

五条第一項及び第五項の規定による傷病者遺族特別年金に係る当該子に対する同条第六項において準用する恩給法(以下この項において「準用恩給法」という。)第七十三条第一項、第七十四条及び第八十条第一項の規定の適用については、準用恩給法第七十三条第一項中「未成年ノ子」とあるのは「二十歳未満ノ子(婚姻シタル子ヲ除ク)」と、「、成年ノ子」とあるのは「、二十歳以上ノ子(婚姻シタル二十歳未満ノ子ヲ含ム)」と、準用恩給法第七十四条及び第八十条第一項第四号中「成年ノ子」とあるのは「二十歳以上ノ子(婚姻シタル二十歳未満ノ子ヲ含ム)」とする。
(未成年者喫煙禁止法の一部改正)
第六条　未成年者喫煙禁止法(明治三十三年法律第三十三号)の一部を次のように改正する。
　　題名を次のように改める。
　　　二十歳未満ノ者ノ喫煙ノ禁止ニ関スル法律
　　第一条、第四条及び第五条中「満二十年ニ至ラザル者」を「二十歳未満ノ者」に改める。
(未成年者飲酒禁止法の一部改正)
第七条　未成年者飲酒禁止法(大正十一年法律第二十号)の一部を次のように改正する。
　　題名を次のように改める。
　　　二十歳未満ノ者ノ飲酒ノ禁止ニ関スル法律
　　第一条第一項、第三項及び第四項並びに第二条中「満二十年ニ至ラザル者」を「二十歳未満ノ者」に改める。
(児童福祉法の一部改正)
第八条　児童福祉法(昭和二十二年法律第百六十四号)の一部を次のように改正する。
　　第六条中「、第十九条の三、第五十七条の三第二項、第五十七条の三の三第二項及び第五十七条の四第二項を除き」を削る。
　　第六条の二第二項中「都道府県知事が指定する医療機関(以下「指定小児慢性特定疾病医療機関」という。)に通い、又は入院する小児慢性特定疾病にかかつている児童等(政令で定めるものに限る。以下「小児慢性特定疾病児童等」という。)」を「小児慢性特定疾病児童等」に改め、

同条第一項の次に次の一項を加える。
　　この法律で、小児慢性特定疾病児童等とは、次に掲げる者をいう。
　一　都道府県知事が指定する医療機関（以下「指定小児慢性特定疾病医療機関」という。）に通い、又は入院する小児慢性特定疾病にかかつている児童（以下「小児慢性特定疾病児童」という。）
　二　指定小児慢性特定疾病医療機関に通い、又は入院する小児慢性特定疾病にかかつている児童以外の満二十歳に満たない者（政令で定めるものに限る。以下「成年患者」という。）
　第十九条の二第一項中「に係る小児慢性特定疾病児童等」を「に係る小児慢性特定疾病児童又は医療費支給認定を受けた成年患者（以下この条において「医療費支給認定患者」という。）」に、「当該小児慢性特定疾病児童等」を「当該小児慢性特定疾病児童」に改め、「医療費支給認定保護者」という。）」の下に「又は当該医療費支給認定患者」を加え、同条第二項第一号中「食事療養をいう。」の下に「次号、」を、「医療費支給認定保護者」の下に「又は当該医療費支給認定患者」を加え、同項第二号中「医療費支給認定保護者」の下に「又は医療費支給認定患者」を加える。
　第十九条の三第一項中「小児慢性特定疾病児童等の保護者（小児慢性特定疾病児童等の親権を行う者、未成年後見人その他の者で、当該小児慢性特定疾病児童等を現に監護する者をいう。以下この条、第五十七条の三第二項、第五十七条の三の三第二項及び第五十七条の四第二項において同じ。）」を「小児慢性特定疾病児童の保護者又は成年患者」に、「第六条の二第二項」を「第六条の二第三項」に改め、同条第三項中「第六条の二第二項」を「第六条の二第三項」に改め、同条第四項中「小児慢性特定疾病児童等の保護者」を「小児慢性特定疾病児童の保護者又は成年患者」に改め、同条第七項中「小児慢性特定疾病児童等」を「小児慢性特定疾病児童」に改め、「医療費支給認定保護者」という。）」の下に「又は当該医療費支給認定を受けた成年患者（以下「医療費支給認定患者」という。）」を加え、同条第九項中「医療費支給認定保護者」の下に「又は医療費支給認定患者」を加え、同条第十項中「当該小児慢性特定疾病児童等」を「当該小児慢性特定疾病児童」に改め、「医療費支給認定保護者」の下に「又は当該医療費支給認定患者」を加え、同条第十

一項中「医療費支給認定保護者」の下に「又は当該医療費支給認定患者」を加える。

　第十九条の五第一項中「医療費支給認定保護者」の下に「又は医療費支給認定患者」を加え、同条第二項中「、医療費支給認定保護者」の下に「又は医療費支給認定患者」を、「当該医療費支給認定保護者」の下に「又は当該医療費支給認定患者」を加える。

　第十九条の六第一項第二号及び同条第二項中「医療費支給認定保護者」の下に「又は医療費支給認定患者」を加える。

　第十九条の九第一項中「第六条の二第二項」を「第六条の二第二項第一号」に改める。

　第二十五条の二第一項中「（次項において「延長者等」という。）」を削り、同条第二項中「（延長者等の親権を行う者、未成年後見人その他の者で、延長者等を現に監護する者を含む。）」を削る。

　第三十一条第四項後段及び同項第一号を削り、同項第二号中「（前号に掲げる者を除く。）」を削り、同号を同項第一号とし、同項第三号中「前二号」を「前号」に改め、同号を同項第二号とする。

　第三十三条第十項中「次の各号のいずれかに該当する」を「第三十一条第二項から第四項までの規定による措置が採られている」に改め、同項各号を削る。

　第三十三条の七中「児童等」を「児童」に改める。

　第三十三条の八第一項中「児童等」を「児童」に改め、同条第二項中「に係る児童等」を「に係る児童」に、「若しくは児童福祉施設に入所中の児童等」を「、児童福祉施設に入所中」に改める。

　第三十三条の九及び第四十七条中「児童等」を「児童」に改める。

　第五十七条の三第二項中「小児慢性特定疾病児童等の保護者」を「小児慢性特定疾病児童の保護者若しくは成年患者」に改める。

　第五十七条の三の三第二項中「小児慢性特定疾病児童等の保護者又は小児慢性特定疾病児童等の保護者」を「小児慢性特定疾病児童の保護者若しくは成年患者又はこれらの者」に改める。

　第五十七条の四第二項中「小児慢性特定疾病児童等の保護者」を「小児慢性特定疾病児童の保護者若しくは成年患者」に改める。

（児童福祉法の一部改正に伴う経過措置）

第九条　施行日前に前条の規定による改正前の児童福祉法（以下この条において「旧児童福祉法」という。）の規定によりなされた認定等の処分その他の行為（以下この条において「処分等の行為」という。）であって児童（児童福祉法第四条第一項に規定する児童をいう。以下この条において同じ。）以外の満二十歳に満たない小児慢性特定疾病児童等（旧児童福祉法第六条の二第二項に規定する小児慢性特定疾病児童等をいう。以下この条において同じ。）に係るもの又はこの法律の施行の際現に旧児童福祉法の規定によりなされている認定等の申請その他の行為（以下この条において「申請等の行為」という。）であって児童以外の満二十歳に満たない小児慢性特定疾病児童等に係るものは、施行日以後における前条の規定による改正後の児童福祉法（以下この条において「新児童福祉法」という。）の適用については、新児童福祉法の相当規定により成年患者（新児童福祉法第六条の二第二項第二号に規定する成年患者をいう。以下この条において同じ。）に対してなされた処分等の行為又は成年患者によりなされた申請等の行為とみなす。

（競馬法等の一部改正）

第十条　次に掲げる法律の規定中「未成年者」を「二十歳未満の者」に改める。

　一　競馬法（昭和二十三年法律第百五十八号）第二十八条
　二　自転車競技法（昭和二十三年法律第二百九号）第九条
　三　小型自動車競走法（昭和二十五年法律第二百八号）第十三条
　四　モーターボート競走法（昭和二十六年法律第二百四十二号）第十二条
　五　アルコール健康障害対策基本法（平成二十五年法律第百九号）第二条

（水先法の一部改正）

第十一条　水先法（昭和二十四年法律第百二十一号）の一部を次のように改正する。

　　第十五条第一項中「すべて」を「全て」に改め、同項第二号イ中「二十歳」を「十八歳」に改める。

　　第三十条第一項中「すべて」を「全て」に改め、同項第二号イ中「二

十歳」を「十八歳」に改める。
(国籍法の一部改正)
第十二条　国籍法 (昭和二十五年法律第百四十七号) の一部を次のように改正する。

　　第三条第一項及び第五条第一項第二号中「二十歳」を「十八歳」に改める。

　　第十四条第一項中「二十歳」を「十八歳」に、「二十二歳」を「二十歳」に改める。

　　第十七条第一項中「二十歳」を「十八歳」に改める。
(国籍法の一部改正に伴う経過措置)
第十三条　この法律の施行の際に前条の規定による改正前の国籍法第三条第一項に規定する要件 (法務大臣に届け出ることを除く。) に該当する者であって十六歳以上のものは、前条の規定による改正後の国籍法 (以下この条において「新国籍法」という。) 第三条第一項の規定にかかわらず、施行日から二年以内に限り、なお従前の例により日本の国籍を取得することができる。

2　新国籍法第十四条第一項の規定は、施行日以後に外国の国籍を有する日本国民となった者又はこの法律の施行の際に二十歳未満の者について適用し、この法律の施行の際に外国の国籍を有する日本国民で二十歳以上のものの国籍の選択については、なお従前の例による。

3　この法律の施行の際に外国の国籍を有する日本国民で十八歳以上二十歳未満のものは、新国籍法第十四条第一項の規定の適用については、この法律の施行の時に外国及び日本の国籍を有することとなったものとみなす。

4　この法律の施行の際に国籍法第十二条の規定により日本の国籍を失っていた者で十六歳以上のものは、新国籍法第十七条第一項の規定にかかわらず、施行日から二年以内に限り、なお従前の例により日本の国籍を取得することができる。

(社会福祉法の一部改正)
第十四条　社会福祉法 (昭和二十六年法律第四十五号) の一部を次のように改正する。

　　第十九条第一項中「二十年」を「十八年」に改める。

（船舶職員及び小型船舶操縦者法等の一部改正）
第十五条　次に掲げる法律の規定中「二十歳」を「十八歳」に改める。
　一　船舶職員及び小型船舶操縦者法（昭和二十六年法律第百四十九号）別表第一から別表第五まで
　二　旅券法（昭和二十六年法律第二百六十七号）第五条第一項第二号
　三　船舶安全法及び船舶職員法の一部を改正する法律（平成三年法律第七十五号）別表の下欄第一号
　四　性同一性障害者の性別の取扱いの特例に関する法律（平成十五年法律第百十一号）第三条第一項第一号
（旅券法の一部改正に伴う経過措置）
第十六条　施行日前にされた旅券の発給の申請に係る処分については、前条の規定による改正後の旅券法第五条第一項の規定にかかわらず、なお従前の例による。
（性同一性障害者の性別の取扱いの特例に関する法律の一部改正に伴う経過措置）
第十七条　施行日前にされた性同一性障害者の性別の取扱いの変更の審判の請求に係る事件については、附則第十五条の規定による改正後の性同一性障害者の性別の取扱いの特例に関する法律第三条第一項の規定にかかわらず、なお従前の例による。
（酒税法及び酒税の保全及び酒類業組合等に関する法律の一部改正）
第十八条　次に掲げる法律の規定中「未成年者飲酒禁止法」を「二十歳未満ノ者ノ飲酒ノ禁止ニ関スル法律」に改める。
　一　酒税法（昭和二十八年法律第六号）第十条第七号の二
　二　酒税の保全及び酒類業組合等に関する法律（昭和二十八年法律第七号）第八十六条の九第一項
（恩給法等の一部を改正する法律の一部改正）
第十九条　恩給法等の一部を改正する法律（昭和五十一年法律第五十一号）の一部を次のように改正する。
　　附則第十四条第一項中「一に」を「いずれかに」に、「掲げる」を「定める」に改め、同項第一号中「をいう」の下に「。次号において同じ」を加え、「（十八歳以上二十歳未満の子にあつては重度障害の状態にある者に限る。）」を削り、同項第二号中「（前号に規定する子に限る。）」

を削る。
(恩給法等の一部を改正する法律の一部改正に伴う経過措置)
第二十条　施行日の前日において恩給法第七十五条第一項第一号に規定する扶助料について前条の規定による改正前の恩給法等の一部を改正する法律附則第十四条第一項(第一号及び第二号に係る部分に限る。)の規定による加算の原因となる未成年の子がある場合における当該子に対する恩給法第七十五条第三項及び前条の規定による改正後の恩給法等の一部を改正する法律(以下この条において「新昭和五十一年恩給法等改正法」という。)附則第十四条第一項の規定の適用については、恩給法第七十五条第三項中「未成年ノ子」とあるのは「二十歳未満ノ子(婚姻シタル子ヲ除ク)」と、「ナキ成年ノ子」とあるのは「ナキ二十歳以上ノ子(婚姻シタル二十歳未満ノ子ヲ含ム)」と、新昭和五十一年恩給法等改正法附則第十四条第一項第一号中「である子」とあるのは「である子(十八歳以上二十歳未満の子(婚姻した子を除く。)にあつては重度障害の状態にある者に限る。)」と、同項第二号中「である子」とあるのは「である子(前号に規定する子に限る。)」とする。

(たばこ事業法の一部改正)
第二十一条　たばこ事業法(昭和五十九年法律第六十八号)の一部を次のように改正する。
　　第三十一条第九号中「未成年者喫煙禁止法」を「二十歳未満ノ者ノ喫煙ノ禁止ニ関スル法律」に改める。
　　第四十条第一項中「未成年者」を「二十歳未満の者」に改める。

(児童虐待の防止等に関する法律の一部改正)
第二十二条　児童虐待の防止等に関する法律(平成十二年法律第八十二号)の一部を次のように改正する。
　　第二条第四号中「。第十六条において同じ」を削る。
　　第十六条を削り、第十七条を第十六条とする。
　　第十八条の前の見出しを削り、同条中「(第十六条第一項の規定によりみなして適用する場合を含む。以下この条において同じ。)」を削り、「第十二条の四第二項(第十六条第一項の規定によりみなして適用する場合を含む。)の規定により第十二条の四第一項」を「同条第二項の規定により同条第一項」に改め、同条を第十七条とし、同条の前に見出し

として「(罰則)」を付する。
　第十九条中「(第十六条第二項の規定によりみなして適用する場合を含む。)」を削り、同条を第十八条とする。
（インターネット異性紹介事業を利用して児童を誘引する行為の規制等に関する法律の一部改正）
第二十三条　インターネット異性紹介事業を利用して児童を誘引する行為の規制等に関する法律（平成十五年法律第八十三号）の一部を次のように改正する。
　第八条第五号を次のように改める。
　五　未成年者
（公職選挙法等の一部を改正する法律の一部改正）
第二十四条　公職選挙法等の一部を改正する法律（平成二十七年法律第四十三号）の一部を次のように改正する。
　附則第八条及び第九条を次のように改める。
　第八条及び第九条　削除
（罰則に関する経過措置）
第二十五条　施行日前にした行為及び附則第十三条の規定によりなお従前の例によることとされる場合における施行日以後にした行為に対する罰則の適用については、なお従前の例による。
（政令への委任）
第二十六条　この附則に規定するもののほか、この法律の施行に関し必要な経過措置は、政令で定める。

巻末資料3　参議院の附帯決議

民法の一部を改正する法律案に対する附帯決議

平成三十年六月十二日
参議院法務委員会

政府は、本法の施行に当たり、次の事項について格別の配慮をすべきである。

一　成年年齢引下げに伴う消費者被害の拡大を防止するための法整備として、早急に以下の事項につき検討を行い、本法成立後二年以内に必要な措置を講ずること。

　1　知識・経験・判断力の不足など消費者が合理的な判断をすることができない事情を不当に利用して、事業者が消費者を勧誘し契約を締結させた場合における消費者の取消権（いわゆるつけ込み型不当勧誘取消権）を創設すること。

　2　消費者契約法第三条第一項第二号の事業者の情報提供における考慮要素については、考慮要素と提供すべき情報の内容との関係性を明らかにした上で、年齢、生活の状況及び財産の状況についても要素とすること。

　3　特定商取引法の対象となる連鎖販売取引及び訪問販売について、消費者委員会の提言を踏まえ、若年成人の判断力の不足に乗じて契約を締結させる行為を行政処分の対象とすること、又は、同行為が現行の規定でも行政処分の対象となる場合はこれを明確にするために必要な改正を行うこと。

　4　前各号に掲げるもののほか、若年者の消費者被害を防止し、救済を図るための必要な法整備を行うこと。

二　特定商取引法、割賦販売法、貸金業法その他の業法における若年成人の被害防止を含む消費者保護のための規制につき、所管官庁による違反事業者に対する処分等の執行の強化を図ること。

三　成年年齢の引下げに伴い若年者のマルチ商法等による消費者被害が拡大するおそれがあることから、それらの被害の実態に即した対策について検討を行い、必要な措置を講ずること。

四　自立した消費者を育成するための教育の在り方を質量共に充実させるという観点から、以下の事項について留意すること。
　1　「若年者への消費者教育の推進に関するアクションプログラム」に掲げた施策を、関係省庁で緊密に連携して着実に実施し、全国の高等学校・大学等における実践的な消費者教育の実施を図ること。
　2　外部講師や行政機関等と連携を進めたり、消費者教育を家庭科、社会科を始めとする教科等において実施したりするなど小学校・中学校・高等学校における教育を充実すること。
　3　十八歳、十九歳の若年者に対する大学・専門学校、職場、地域における消費者教育を充実すること。
　4　教員養成課程での消費者教育の強化など教員養成課程の改革を進めること。
　5　行政機関が学校教育以外でも積極的に消費者教育に取り組む体制を整備すること。
五　十八歳、十九歳の若年者の自立を支援する観点から、本法施行までに、以下の事項に留意した必要な措置を講ずること。
　1　成年年齢と養育費負担終期は連動せず未成熟である限り養育費分担義務があることを確認するとともに、ひとり親家庭の養育費確保に向けて、養育費の取決め等について周知徹底するなど必要な措置を講ずること。
　2　現在の社会経済情勢に見合った養育費算定基準について、裁判所における調査研究に協力すること。
　3　十八歳、十九歳の若年者においても個々の成熟度合いや置かれた環境に違いがあることを踏まえ、これらの若年者の成長発達を支援するために（特に児童福祉法上の自立支援が後退することがないように）必要な措置を講ずること。
六　十八歳、十九歳の若年者に理解されやすい形で周知徹底を図ること。
七　消費者被害防止のための啓発活動を実施する若者団体等の活動への支援を行い、成年年齢引下げに伴う若年消費者被害防止の社会的周知のための国民キャンペーン実施を検討すること。
八　成年年齢引下げに向けた環境整備に向けた施策が実効性のあるものとなるよう「成年年齢引下げを見据えた環境整備に関する関係府省庁

連絡会議」のメンバー等において、弁護士、教育関係者、消費生活相談員等を含む第三者の意見を十分に聴取すること。

九　若年者の消費者被害への相談体制の強化・拡充、情報提供、消費者教育の充実を実現するため、地方消費者行政について十分な予算措置を講ずること。

十　施行日までに、上記に掲げた措置が実施されているか、その措置が効果を上げているか、その効果が国民に浸透しているかについて、効果測定や調査を実施した上で検討し、その状況について随時公表すること。

　　右決議する。

巻末資料4　法制審議会総会の答申（法制審議会民法成年年齢部会の最終報告書）

民法の成年年齢の引下げについての意見

　当審議会は、平成20年2月開催の第155回会議において、民法の成年年齢の引下げに関する諮問第84号を受け、機動的・集中的に審議を行う必要があるとして、専門の部会である民法成年年齢部会（部会長：鎌田薫早稲田大学教授）（以下「部会」という。）を設置し、部会での調査審議に基づき更に審議することとした。

　そして、当審議会は、平成21年2月の第158回会議において、部会長から部会の調査審議の経過について説明（中間報告）を聴取し、また、同年9月の第159回会議において、部会長から、部会が取りまとめた別添「民法の成年年齢の引下げについての最終報告書」（以下「最終報告書」という。）に基づき、部会における調査審議の結果の報告を聴取した上、答申に向けて2回にわたり審議をするなど、合計4回にわたり審議を重ねた。

　審議の過程においては、最終報告書の結論を是とする意見のほか、民法の成年年齢引下げの法整備の時期が明確ではないのではないかとの意見や、多数の法令が関係している年齢条項の見直しに関する問題は、国民生活に大きな影響を及ぼすものであり、その検討状況を適時・適切に国民に開示するとともに、若年者やその親権者を含む国民に理解されるよう、国民的関心を高めるなど周知徹底に努めるべきではないか等の意見が出された。

　これらの意見を受け、議論の結果、以下のとおりの結論に至った（なお、婚姻適齢については、平成8年2月に答申済みである。）。
1　民法の定める成年年齢について
　　民法が定める成年年齢を18歳に引き下げるのが適当である。
　　ただし、現時点で引下げを行うと、消費者被害の拡大など様々な問題が生じるおそれがあるため、引下げの法整備を行うには、若年者の自立を促すような施策や消費者被害の拡大のおそれ等の問題点の解決に資する施策が実現されることが必要である。
　　民法の定める成年年齢を18歳に引き下げる法整備を行う具体的時期

については、関係施策の効果等の若年者を中心とする国民への浸透の程度やそれについての国民の意識を踏まえた、国会の判断に委ねるのが相当である。

2　養子をとることができる年齢（養親年齢）について

　養子をとることができる年齢（養親年齢）については、民法の成年年齢を引き下げる場合であっても、現状維持（20歳）とすべきである。

(別添)

民法の成年年齢の引下げについての最終報告書

〔 目 次 〕

第1 検討の経緯等
第2 国民投票の投票年齢、選挙年齢等との関係
　1 国民投票法附則第3条の趣旨
　2 選挙年齢等との関係
第3 民法の成年年齢の引下げの意義
　1 民法の成年年齢の意義
　2 将来の国づくりの中心となるべき若年者に対する期待
　3 契約年齢の引下げの意義
　4 親権の対象となる年齢の引下げの意義
　5 まとめ
第4 民法の成年年齢を引き下げた場合の問題点及びその解決策
　1 契約年齢を引き下げた場合の問題点
　2 親権の対象となる年齢を引き下げた場合の問題点
　3 民法の成年年齢を引き下げた場合の問題点を解決するための施策
　4 民法の成年年齢を引き下げる時期
第5 その他の問題点
　1 民法の成年年齢を引き下げる場合の成年に達する日
　2 養子をとることができる年齢
　3 婚姻適齢
第6 結論

〔参考資料〕
　参考資料1〔ヒアリングの結果について〕
　参考資料2〔高校生等との意見交換会の結果について〕

第 1　検討の経緯等

　民法（明治 29 年法律第 89 号）は、成年年齢を 20 歳と定めているところ、平成 19 年 5 月に成立した日本国憲法の改正手続に関する法律（平成 19 年 5 月 18 日法律第 51 号。以下「国民投票法」という。）[*1]の附則第 3 条第 1 項では、「満十八年以上満二十年未満の者が国政選挙に参加することができること等となるよう、選挙権を有する者の年齢を定める公職選挙法、成年年齢を定める民法その他の法令の規定について検討を加え、必要な法制上の措置を講ずるものとする。」と定められた。

　そして、この附則を受けて内閣に設置された「年齢条項の見直しに関する検討委員会」（構成員は各府省の事務次官等）において、平成 19 年 11 月、各府省において必要に応じて審議会等で審議を行い、平成 21 年の臨時国会又は平成 22 年の通常国会への法案提出を念頭に、法制上の措置について対応方針を決定することができるよう検討を進めるものとするとの決定が行われた。

　この国民投票法附則第 3 条第 1 項を前提として、平成 20 年 2 月 13 日に開催された法制審議会第 155 回会議において、法務大臣から、民法の定める成年年齢の引下げに関する諮問第 84 号が発出された。

　法制審議会は、この諮問を受けて、民法成年年齢部会（以下「部会」という。）を設置し、部会は、平成 20 年 3 月から民法の成年年齢引下げについて調査審議を開始した[*2]。

[*1]　国民投票法は、日本国憲法（以下「憲法」という。）第 96 条に定める憲法の改正について、国民の承認に係る投票に関する手続を定めるとともに、憲法改正の発議に係る手続の整備を行うものである（国民投票法第 1 条）。なお、国民投票法により国会法の一部改正が行われ、憲法及び憲法に密接に関連する基本法制について広範かつ総合的に調査等を行うため、衆議院及び参議院に、憲法審査会が設置された（国会法第 102 条の 6）。

[*2]　なお、部会では、民法の成年年齢の引下げのみの検討を行い、その他の法令（未成年者飲酒禁止法、少年法等）については、年齢条項の見直しに関する検討委員会の決定に沿って、それぞれの法令を所管する府省庁・部局において検討が行われることと考えている。したがって、部会においては、民法の成年年齢の引下げがその他の法令に及ぼす影響については検討の対象としておらず、ここでいう民法の成年年齢の引下げは、未成年者飲酒禁止法や少年法等の年齢の引下げを含意するものではない。

部会では、平成20年3月から12月までの間、調査審議を行い、「成年年齢の引下げについての中間報告書」(以下「中間報告書」という。)の取りまとめを行った。そして、部会は、中間報告書に対してパブリック・コメント等において寄せられた意見も参考にしつつ、平成21年2月から同年7月までの間、更に調査審議を行い、合計15回の会議の結果、本報告書の取りまとめを行った。

本報告書は、諮問第84号に対する部会におけるこれまでの調査審議の結果を明らかにするものである。

なお、部会では、各種専門家、有識者から、民法の成年年齢を引き下げた場合に生ずる問題及びその解決策等に関して意見を聴取する機会を設けた。また、部会のメンバーが高校や大学に赴き、高校生、大学生(外国人留学生を含む。)と民法の成年年齢の引下げについて意見交換を行うなど、幅広い意見を聴取しつつ調査審議を行ってきた。このヒアリングの結果及び高校生等との意見交換会の結果については、本報告書の末尾に参考として掲げてあるので、適宜参照していただきたい。

第2　国民投票の投票年齢、選挙年齢等との関係

1　国民投票法附則第3条の趣旨

日本国憲法(以下「憲法」という。)の改正手続等を定める国民投票法は、その第3条において、国民投票の投票権者の範囲を18歳以上と定めているところ、その附則第3条第1項において、「満十八年以上満二十年未満の者が国政選挙に参加することができること等となるよう、選挙権を有する者の年齢を定める公職選挙法、成年年齢を定める民法その他の法令の規定について検討を加え、必要な法制上の措置を講ずるものとする。」と定めている[*3]。

この附則第3条第1項が設けられた理由については、国民投票法

[*3] 国民投票法附則第3条第2項は、「前項の法制上の措置が講ぜられ、年齢満十八年以上満二十年未満の者が国政選挙に参加すること等ができるまでの間、第三条(注:国民投票年齢を定めるもの)、第二十二条第一項、第三十五条及び第三十六条第一項の規定の適用については、これらの規定中「満十八年」とあるのは、「満二十年」とする。」と定めている。

案の国会審議における同法案の提出者の答弁等において、①公職選挙法（昭和25年法律第100号）の選挙年齢を戦後20歳に引き下げた理由として、民法の成年年齢が20歳であることが挙げられており、民法上の判断能力と参政権の判断能力とは一致すべきであること、②公職選挙法の選挙年齢と国民投票の投票権年齢（以下「国民投票年齢」という。）は同じ参政権であることから、一致すべきであること、また、③諸外国においても、成年年齢に合わせて18歳以上の国民に投票権・選挙権を与える例が非常に多いことが挙げられている。

国会における法案審議の際に、同法案の提出者から上記のような説明が行われたという事実は、重く受け止める必要がある。

2　選挙年齢等との関係

そこで、国民投票法附則第3条第1項で、「満十八年以上満二十年未満の者が国政選挙に参加することができること等となるよう」、選挙年齢の引下げの検討及び民法の成年年齢の引下げの検討が求められていることを踏まえ、まず、民法の成年年齢と選挙年齢が一致する必要があるのかについて議論を行った。

この点、憲法は、「公務員の選挙については、成年者による普通選挙を保障する。」と規定している（第15条第3項）ところ、この「成年」の意義については、民法の成年を指すのか、それとは別の公法上の「成年」を指すのか、憲法の学説上も対立が見られる（なお、公職選挙法は、その第9条において、「日本国民で年齢満二十年以上の者は、衆議院議員及び参議院議員の選挙権を有する。」と規定している。）*4。しかしながら、いずれの立場に立つとしても、憲法は成年者に対して選挙権を保障しているだけであって、それ以外の者に選挙権を与えることを禁じてはおらず、民法の成年年齢より低く選挙年齢を定めることが可能であることは、学説上も異論はないようであ

＊4　憲法第15条第3項の「成年者」が、民法上の成年を意味するという学説には、宮沢俊義（『法律学全集4　憲法Ⅱ〔新版〕』〔1971〕452頁）、民法上の成年を意味しないという学説には、佐藤功（『ポケット注釈全書憲法(上)〔新版〕』〔1987〕260頁）、浦部法穂（『全訂　憲法学教室』〔2000〕506頁）などがある。

る*5。そうすると、民法の成年年齢を引き下げることなく、選挙年齢を引き下げることは、理論的には可能であり、選挙年齢と民法の成年年齢とは必ずしも一致する必要がないという結論に至った*6。

　次に、理論的には必ずしも一致する必要がないとしても、選挙年齢と民法の成年年齢は、一致していることが望ましいのかについても議論を行った。この点、民法上の成年に達すると、自らの判断のみで、完全な権利義務を生じさせることができ、また、結婚もすることができることからすると、私法上、経済的にも社会的にも「大人」という立場に立つこととなるが、①選挙年齢が引き下げられる場合に、このような民法の成年年齢を選挙年齢と一致させることは、選挙年齢の引下げにより新たに選挙権を取得する18歳、19歳の者にとって、政治への参加意欲を高めることにつながり、また、より責任を伴った選挙権の行使を期待することができること、②社会的・経済的にフルメンバーシップを取得する年齢は一致している方が、法制度としてシンプルであり、また、若年者に、社会的・経済的に「大人」となることの意味を理解してもらいやすいこと、③大多数の国において私法上の成年年齢と選挙年齢を一致させていること*7、④前記1のとおり、国民投票法の法案審議の際の提出者の答弁等において、民法上の

---

*5　前掲・佐藤260頁、前掲・浦部506頁、樋口陽一ほか(『注釈日本国憲法上巻』〔1984〕344頁)など。一方、民法の成年年齢より高く選挙年齢を定めることは、憲法第15条第3項の「成年」を民法の成年と解する立場に立てば同項に反することとなるし、民法の成年と解する立場をとらないとしても、広く選挙権を保障するとした憲法の趣旨に反するとして違憲と解する立場が有力のようである(前掲・佐藤260頁)。

*6　また、選挙年齢と民法の成年年齢とを一致させる根拠として、戦後選挙年齢が20歳に引き下げられた際の改正理由に、民法の成年年齢が20歳であることが挙げられているという事実がしばしば指摘される(堀切善次郎国務大臣による衆議院・衆議院議員選挙法中改正法律案外1件委員会における説明(昭和20年12月4日)等)。しかし、これは選挙年齢を引き下げる理由の一つとされたにすぎず、被保佐人・被補助人に選挙権が付与されていること(行為能力が制限される成年者のうち、成年被後見人のみについて、選挙権を有しないものとされている(公職選挙法第11条第1項第1号)。)に照らせば、民法上の行為能力が制限されている者に対する選挙権付与を禁止する趣旨ではないものと考えられる。

判断能力と参政権の判断能力とは一致すべきであるとの説明が行われていることなどからすると、特段の弊害がない限り、選挙年齢と民法の成年年齢とは一致していることが望ましいという結論に達した。

そこで、第3以下では、民法の成年年齢と選挙年齢は必ずしも一致する必要はないものの、両者は特段の弊害のない限り一致していることが望ましいという観点を踏まえながら、民法の成年年齢の引下げの意義、引き下げた場合の問題点及びその解決策等について検討をする。

第3 民法の成年年齢の引下げの意義
1 民法の成年年齢の意義

民法は、成年年齢を20歳と定め(第4条)、①「未成年者が法律行為をするには、その法定代理人の同意を得なければならない。」(第5条第1項)、「前項の規定に反する法律行為は、取り消すことができる。」(同条第2項)とし、20歳未満の者(＝未成年者)は、行為能力が制限されることによって取引における保護を受けることとしている。また、②「成年に達しない子は、父母の親権に服する。」(第818条第1項)と定め、20歳未満の者(＝未成年者)は、父母の親権の対象となるとしている。

したがって、民法の成年年齢は、①行為能力が制限されることによって取引における保護を受けることができる者の年齢(以下「契約年齢」という。)及び②父母の親権の対象となる者の年齢(以下「親権の対象となる年齢」という。)の範囲を画する基準となっている。さらに、民法が成年年齢としている年齢20歳は、民法以外の多数の法令において、各種行為の基準年齢とされていることや、我が国において成人式が20歳に達した年に執り行われているという慣行等に鑑みれば、法律の世界のみならず、一般国民の意識においても、大人と子どもの範囲を画する基準となっているものと思われる。

---

*7 成年年齢のデータがある国・地域(187か国(地域を含む。))のうち、成年年齢と選挙年齢が一致している国は134か国である(出典は、部会第13回会議で配布した参考資料27「世界各国・地域の選挙権年齢及び成人年齢」)。

そうすると、民法の成年年齢を20歳から18歳に引き下げることは、①民法上、契約年齢及び親権の対象となる年齢を18歳に引き下げることを意味すると同時に、②一般国民の意識の上でも、20歳までを子どもとしてきた現在の扱いを変え、18歳をもって「大人」として扱うことを意味する。

そこで、これらがどのような意義を有するかについて検討を行った。

2　将来の国づくりの中心となるべき若年者に対する期待

まず、民法の成年年齢を引き下げ、18歳をもって「大人」として扱うことは、若年者が将来の国づくりの中心であるという国としての強い決意を示すことにつながると考えられる。

すなわち、現在の日本社会は、急速に少子高齢化が進行しているところ、我が国の将来を担う若年者には、社会・経済において、積極的な役割を果たすことが期待されている。民法の成年年齢を20歳から18歳に引き下げることは、18歳、19歳の者を「大人」として扱い、社会への参加時期を早めることを意味する。これらの者に対し、早期に社会・経済における様々な責任を伴った体験をさせ、社会の構成員として重要な役割を果たさせることは、これらの者のみならず、その上の世代も含む若年者の「大人」としての自覚を高めることにつながり、個人及び社会に大きな活力をもたらすことになるものと考えられる。我が国の将来を支えていくのは若年者であり、将来の我が国を活力あるものとするためにも、若年者が将来の国づくりの中心であるという強い決意を示す必要がある。

しかしながら、その一方で、これまで実施したヒアリングによれば、近年の若年者の特徴として、精神的・社会的自立が遅れている、人間関係をうまく築くことができない、自分の人生に夢を持てない、いわゆるモラトリアム傾向が強くなり、進学も就職もしようとしない若年者が増加していることなどが指摘された。そして、これらの原因としては様々なものが考えられるところ、我が国の産業社会においては、伝統的には、いわゆる終身雇用制度のもと、企業や家族が若年者の自立を支えてきたが、近年の社会の変革により、企業や家族が若年

者の自立を支えきれなくなっていることなどが指摘されている。

　このような若年者を取り巻く社会状況にかんがみれば、若年者の自立の遅れ等の問題については、民法の成年年齢を引き下げるだけでは自然に解決するとは考えられず、社会全体が若年者の自立を支えていくような仕組みを採用し、若年者の自立を援助する様々な施策も併せて実行していく必要があるものと考えられる。

　若年者の自立を援助する施策としては種々のものが考えられ、その具体的内容は所管府省庁において詰められるべきものであるが、部会における調査審議の過程においては、①若年者がキャリアを形成できるような施策の充実[8]、②いわゆるシティズンシップ教育[9]の導入、充実、③欧米諸国のように、若年者が必要な各種情報提供や困ったときに各種相談を受けられるようなワン・ストップ・サービスセンター[10]の設置、④青少年が早期に社会的経験を積み、社会人と

---

[8]　部会においては、若年者の就労支援や教育訓練制度などキャリアを形成できるような施策の充実や、インターンシップ等の労働実践教育、仕事の探し方さらには労働の意義（働くことの尊さ、喜び等）などに関する教育を充実させることが重要であるとの指摘がされた。

　なお、キャリア教育とは、「児童生徒一人一人のキャリア発達を支援し、それぞれにふさわしいキャリアを形成していくために必要な意欲・態度や能力を育てる教育」ととらえ、端的には、「児童生徒一人一人の勤労観、職業観を育てる教育」と定義されている（文部科学省「キャリア教育の推進に関する総合的調査研究協力者会議報告書（平成16年1月）」）。

[9]　シティズンシップ教育とは、多様な価値観や文化で構成される現代社会において、個人が自己を守り、自己実現を図るとともに、よりよい社会の実現のために寄与するという目的のために、社会の意思決定や運営の過程において、個人としての権利と義務を行使し、多様な関係者と積極的に関わろうとする資質を獲得することができるようにするための教育とされ、学校教育のみならず、地域社会や家庭における教育も含むとされている（詳細は部会第5回会議における配布資料である参考資料15「シティズンシップ教育宣言」（経済産業省「シティズンシップ教育と経済社会での人々の活躍についての研究会」）を参照。）。

[10]　イギリスでは、13歳から19歳までの者を失業者や無職者にしないための総合的な自立支援サービスとして、コネクションズという機関を各地に設けている。また、就労、健康、金銭相談、家族問題など若者が抱える悩みなどを気軽に相談できる窓口が各地にあり、家庭や学校で担いきれない若者のニーズを満たすものとなっている。

しての知識やスキルを獲得することができるような社会参画プログラム*11の提供、⑤虐待を受ける子や虐待を受けた結果社会的自立が困難となる者を減らす必要があることから、児童福祉施設の人的、物的資源の充実や、子育てを社会全体で支え合っていく仕組みの充実が必要であるといった意見が示された*12。

なお、諸外国の多くでは18歳成年制を採用しており*13*14、特に欧米諸国においては1960年代から70年代にかけ、選挙年齢とともに私法上の成年年齢も引き下げてきた。そして、欧米諸国においては、成年年齢等を18歳に引き下げるとともに、若年者の自立を援助するような様々な施策を導入してきた*15。部会における調査審議の過程でも、我が国における民法の成年年齢の引下げも、若年者の自立を援助する施策を欧米諸国並みに充実させてこそ、グローバルスタンダードに合わせることの意義があるということができるのであるから、これらの施策の充実が期待されるとの意見が示された。

3　契約年齢の引下げの意義

民法の成年年齢が20歳から18歳に引き下げられることによって、契約年齢が引き下げられると、18歳、19歳の者でも、親の同意なく

---

*11　例えば、スウェーデンでは、①学校の授業や運営について、生徒の意見を反映させたり、②市街地の公共交通、駐車場、街灯の設置、改善に関して、若者の意見を聴取するなどし、大人が若者に対して約束したことについては実現するよう努めるものとされている。

*12　なお、フランスでは、1974年に私法上の成年年齢を21歳から18歳に引き下げた際、社会への統合に重大な困難があることを証明した21歳未満の成年者等は、司法的保護の措置の延長等を裁判官に請求することができるという若年成年者保護制度を設けるなどの措置を併せて講じている。

*13　成年年齢のデータがある国・地域のうち（187か国（地域を含む））、成年年齢を18歳以下としている国の数は141か国である（出典は、部会第13回会議で配布した参考資料27）。

　　なお、成年年齢を19歳（アメリカ・カナダの一部の州）、20歳（韓国）又は21歳（アメリカの一部の州、インドネシアなど）としている国もある。

*14　なお、民法の成年年齢を18歳に引き下げる理由として、単に、諸外国の多くで18歳成年制を採用しているからというのでは説得力がないという意見も出された。

*15　注10から注12までを参照。

一人で契約をすることができるようになる。

現在の日本社会においては、大学等で教育を受けている者も多くがアルバイトをするなどして働いており、高校卒業後に就職して正規の労働者となる者も含めると、18歳に達した大多数の者は、何らかの形で就労し、金銭収入を得ている。そして、18歳に達した者が就労して得た金銭については、通常、親権者がその使途を制限しているとは考えられず、通常の取引行為については、自らの判断のみで行っているという現実がある。これらの点を考慮するならば、18歳に達した者が就労して得た金銭については、法律上も、これを親権者の管理下に置くよりも、自らの判断で費消することができることにしてもよいと思われる。

そうすると、契約年齢を18歳に引き下げることには、18歳に達した者が、自ら就労して得た金銭などを、法律上も自らの判断で費消することができるようになるという点で、メリットがあるということができる*16。

4　親権の対象となる年齢の引下げの意義

親権の対象となる年齢の引下げの意義については、親権の対象となる年齢を引き下げることによって、親から不当な親権行使を受けている子を解放することができるという意見がある。

すなわち、近年、親から虐待を受ける子が増加しており、また、ニート対策を行政機関が行おうとしても、親から拒まれて適切な対策がとれないことがあるとの指摘があるところ、親権の対象となる年齢の引下げは、18歳に達した者を親の不当な親権行使から解放することにつながり、18歳までの者を保護対象とする児童福祉領域との整合性もはかれるというのである。

---

*16　その他、親から独立した18歳、19歳の者が、親の同意なく様々な取引をすることができるようになり、これらの者の経済活動を促進することになるというメリットもある。

なお、平成17年の国勢調査の結果によれば、働いていて（アルバイト等を含む）、親と同居していない者の比率は、18歳、19歳の総人口（274万7668人）の約6.7％（18万3516人）であった（平成17年国勢調査・第3次基本集計・報告書掲載表第25表）。

しかし、児童虐待の対象となっているのは主に低年齢児であり、また、虐待を受けたことにより脆弱性を抱えた18歳、19歳の者を支援することは、親権から解放することによって解決される問題ではない。児童虐待等の問題については、別途早急に対応策を検討すべきであり、親の不当な親権の行使に対しては、社会が介入し、当該親の親権を喪失させることなどで対応すべきであると考えられる。

したがって、親権の対象となる年齢を引き下げ、親から不当な親権行使を受けている子を解放するという点は、民法の成年年齢を引き下げることによるメリットとは言い難い。

5　まとめ

以上検討してきたとおり、民法の成年年齢の引下げは、若年者を将来の国づくりの中心としていくという、国としての強い決意を示すことにつながる。また、18歳に達した者が、自ら就労して得た金銭などを、法律上も自らの判断で費消することができるようになるなど社会・経済的に独立した主体として位置づけられるといった点で、有意義であるということができる。

国民投票年齢が18歳と定められたことに伴い、選挙年齢が18歳に引き下げられることになるのであれば、18歳、19歳の者が政治に参加しているという意識を責任感をもって実感できるようにするためにも、取引の場面など私法の領域においても、自己の判断と責任において自立した活動をすることができるよう、特段の弊害のない限り、民法の成年年齢を18歳に引き下げるのが適当である。

第4　民法の成年年齢を引き下げた場合の問題点及びその解決策

次に、民法の成年年齢の引下げによってどのような問題が生ずるのか、そしてこれらの問題を解決するためにはどのような対策を講ずるべきか検討を行った。

1　契約年齢を引き下げた場合の問題点

契約年齢を引き下げると、18歳、19歳の者の消費者被害が拡大するおそれがあると考えられる。

すなわち、若年者の消費者トラブルの現状については、消費者問題

を専門にしている弁護士や国民生活センターの理事等のヒアリングを通じて、①消費生活センター等に寄せられる相談のうち、契約当事者が18歳から22歳までの相談件数は、全体から見ると割合は少ないものの、20歳になると相談件数が急増するという特徴があること[*17]、②悪質な業者が、20歳の誕生日の翌日を狙って取引を誘いかける事例が多いこと、③携帯電話やインターネットの普及により、若年者が必要もないのに高額な取引を行ってしまうリスクが増大していること、④若年者の消費者被害は学校などで連鎖して広がるという特徴があること等が示された。これらの特徴のうち、特に、①、②の事情からすると、未成年者取消権（民法第5条第2項）の存在は、悪質業者に対して、未成年者を契約の対象としないという大きな抑止力になっているものと考えられる。

そうすると、民法の成年年齢が引き下げられ、契約年齢が引き下げられると、18歳、19歳の者が、悪質業者のターゲットとされ、不必要に高額な契約をさせられたり、マルチ商法などの被害が高校内で広まるおそれがあるなど、18歳、19歳の者の消費者被害が拡大する危険があるものと考えられる。

2　親権の対象となる年齢を引き下げた場合の問題点
(1)　自立に困難を抱える18歳、19歳の者の困窮の増大

教育関係者、若年者の研究をしている社会学者、発達心理学者、精神科医師等から若年者の現状等についてヒアリングを行ったところ、現代の若年者の中には、いわゆるニート、フリーター、ひきこもり、不登校などの言葉に代表されるような、経済的に自立していない者や社会や他人に無関心な者、さらには親から虐待を受けたことにより健康な精神的成長を遂げられず、自傷他害の傾向がある脆弱な者等が増加しており、これらの者に対しては、経済的自

[*17]　平成18年度のデータによれば、契約当事者が18歳から22歳までの消費生活相談の件数（かっこ内は全体の割合）は、以下のとおりである（国民生活センター調べ）。
　　18歳:7061件(0.64%)、19歳:8624件(0.78%)、20歳:21708件(1.95%)、21歳：16151件（1.45%）、22歳：15740件（1.42%）

立や社会に適応できるような自立に向けた様々な援助をする必要があることが示された。

このような状況のもとで、民法の成年年齢を引き下げ、親権の対象となる年齢が引き下げられると、自立に困難を抱える18歳、19歳の者が、親などの保護を受けられにくくなり、ますます困窮するおそれがあるものと考えられる。

また、前記第3の2のとおり、現在の若年者は、精神的・社会的な自立が遅れていること等が指摘されているが、このような状況において民法の成年年齢を引き下げると、法律上の成年年齢と精神的な成熟年齢が現在よりも乖離することになり、若年者のシニシズム（法律上の成年年齢を迎えても、どうせ大人にはなれないという気持ち）が蔓延し、「成年」の有する意義が損なわれるおそれがあるとの懸念が示された[*18]。

さらに、親権の対象となる年齢を引き下げた場合の問題点としては、離婚の際の未成年者の子の養育費が、早期に打ち切られる可能性があるという意見も出された。民法上、成年に達した子についても、親は扶養義務を負うとされているが、親権の対象となる年齢の引下げが、関係者の意識に与える影響という側面においては、上記のような意見にも留意する必要がある。

(2) 高校教育における生徒指導が困難化するおそれ

また、親権の対象となる年齢を18歳に引き下げると、高校3年生で成年（18歳）に達した生徒については、親権の対象とならない

[*18] なお、ヒアリングで意見を聴取した精神科医師によれば、精神医学的には、成熟度は「コミュニケーション能力（情報伝達能力のみならず、相手の情緒を読みとったり、自分の情緒を適切に表現・伝達する能力を含む。）」と「欲求不満耐性（欲望や欲求の実現を待てる能力）」によってはかることができ、両者のバランスがとれた状態が成熟の最低条件であるものと考えられるところ、我が国の若年者については、非社会化の傾向が指摘されていることから、コミュニケーション能力が低く、欲求不満耐性が高いものと思われるが、成年年齢を引き下げ、自己責任を強調することは、欲求不満耐性が高い我が国の若年者を追い込むことになり、突発的な犯罪を犯すなど暴発の危険性があるとの報告がされた。

こととなり、生徒に対する指導が困難になるおそれもあると考えられる。

　すなわち、現在の高校における生徒に対する生活指導は、原則として親権者を介して行っているところ、民法の成年年齢を18歳に引き下げると、高校3年生で成年（18歳）に達した生徒については、親権者を介しての指導が困難となり、教師が直接生徒と対峙せざるを得なくなり、生徒指導が困難になるおそれがある。高校3年生という時期は、大学進学や就職など生徒にとって重要な時期であり、このような時期に適切な指導ができなくなるとすれば、大きな問題であるということができる。

3　民法の成年年齢を引き下げた場合の問題点を解決するための施策
　前記1及び2で検討したとおり、民法の成年年齢を引き下げると、18歳、19歳の者の消費者被害を拡大させるなど様々な問題を生じさせることが懸念される。
　そこで、どのような施策を講じ、これらの問題を解決していくべきか検討を行った。
(1)　消費者被害が拡大しないための施策の充実について
　　前記1で検討したとおり、民法の成年年齢を引き下げると、18歳、19歳の者でも、親の同意なく一人で契約をすることができるようになることから、18歳、19歳の者が悪徳商法などに巻き込まれるなど、消費者被害が拡大するおそれがある。
　　そこで、18歳、19歳の者が、悪徳商法などに巻き込まれ、消費者被害を被らないような施策を講ずる必要があると考えられる。

　　ア　消費者保護施策の充実
　　　まず、民法の成年年齢を引き下げても18歳、19歳の者の消費者被害が拡大しないよう、消費者保護施策の更なる充実を図る必要があると考えられる。
　　　その具体的な施策の内容は、所管府省庁において詰められるべきものであるが、部会における調査審議の過程においては、①若年者の社会的経験の乏しさにつけ込んで取引等が行われない

よう、取引の類型や若年者の特性（就労の有無、収入の有無等）に応じて、事業者に重い説明義務を課したり、事業者による取引の勧誘を制限する[19][20]、②若年者の社会的経験の乏しさによる判断力の不足に乗じて取引が行われた場合には、契約を取り消すことができるようにする[21][22]、③若年者が消費者被害にあった場合に気軽に相談できる若年者専用の相談窓口を消費生活センター等に設ける[23]、④18歳、19歳の者には契約の取消権がないということを18歳、19歳の者に自覚させるような広報活動をする、⑤特定商取引に関する法律（昭和51年法律第57号）第7条第3号、特定商取引に関する法律施行規則（昭和51年通商産業省令第89号）第7条第2号では、老人その他の者の判断力の不足に乗じて一定の取引をした場合には、主務大臣が販売業者に対し、必要な措置を指示することができる旨の規定が置かれているが、ここに「若年者」を付け加えるなどの意見が出さ

---

[19] 消費者契約法（平成12年法律第61号）は、「事業者は、消費者契約の条項を定めるに当たっては、消費者の権利義務その他の消費者契約の内容が消費者にとって明確かつ平易なものになるよう配慮するとともに、消費者契約の締結について勧誘をするに際しては、消費者の理解を深めるために、消費者の権利義務その他の消費者契約の内容についての必要な情報を提供するよう努めなければならない。」（第3条第1項）と定めている。書面交付等も含めて、事業者からの消費者に対する情報提供義務等を規定した法律としては、旅行業法（昭和27年法律第239号）第12条の4、宅地建物取引業法（昭和27年法律第176号）第35条、第37条、割賦販売法（昭和36年法律第159号）第3条、特定商取引に関する法律（昭和51年法律第57号）第4条等がある。

[20] 例えば、18歳、19歳の者が、一定額以上の契約を行う場合や、特定商取引に関する法律に定める一定の類型の取引を行う場合には、事業者に対し、年齢、職業、収入等について証明書類の提示等を受けさせるなどの調査義務を課し、これに違反した場合には契約を取り消すことができるようにするという意見も出された。

[21] 消費者契約法第4条第1項は、「消費者は、事業者が消費者契約の締結について勧誘をするに際し、当該消費者に対して次の各号に掲げる行為をしたことにより当該各号に定める誤認をし、それによって当該消費者契約の申込み又はその承諾の意思表示をしたときは、これを取り消すことができる。（以下略）」と規定している。

れた。民法の成年年齢を引き下げても、若年者の消費者被害が拡大しないよう、消費者保護施策が実効的に行われることが望まれる。

なお、本年 5 月 29 日、消費者庁及び消費者委員会設置法が国会において成立し（平成 21 年法律第 48 号）、今秋にも消費者庁が発足する見込みであるが、消費者庁による消費者行政の一元化が実現すれば、若年者の消費者被害に関する対策も含め、消費者が安心して安全で豊かな消費生活を営むことができる社会の実現に向けた関係施策の充実（同法第 3 条）を期待することができる。

イ 消費者関係教育の充実

また、民法の成年年齢を引き下げても消費者被害が拡大しないようにするため、若年者が消費者被害から身を守るために必要な知識等を習得できるよう消費者関係教育を充実させることも必要であると考えられる。具体的には、①法教育の充実[24]、②消費者教育の充実[25]、③金融経済教育の充実[26]が必要であると考えられる。

そして、これらの教育については、単に知識を与えるのでは不

---

[22] 取消権を付与することについては、①一般的に、消費者の軽率さや、経験不足に乗じて取引を行って事業者が利得した場合には、契約を取り消すことができるという規定を設けることと、②一定の年齢層（例えば、18 歳から 20 歳まで）の者が、契約締結によって見過ごすことができない不利益を被った場合には、当該契約を取り消すことができるようにすることが考えられるが、②案については、一定の年齢層の者に契約の取消権を付与すると、若年者の取引が必要以上に制限されかねないことから、このような取消権は、その付与を望む者のみに認めることが妥当であるという意見も出された。

なお、相手方の窮迫・軽率・無経験に乗じて、過大な利益を獲得する行為については、公序良俗に反し、無効であると解されており（大審院昭和 9 年 5 月 1 日判決（民集 13 巻 875 頁））、上記①案は、これを取消権という形で、明文化するものといえる。

[23] なお、相談窓口の設置場所、相談員の人員の配置については、適切に行われるよう配慮すべきであるとの意見も出された。

十分であり、ロールプレイングや生徒相互間の議論を行うなどして、契約をすることの意味を実感をもって学習させ、若年者の一人一人が自らが本当に望む契約をするにはどうしたらよいかなどについて、自立した判断ができるように行っていく必要がある。

　この点について、改訂前の学習指導要領において、消費者教育等について盛り込まれているものの、実際には十分に行われていないのではないかという意見も出されたが、平成20年3月に改訂された小中学校学習指導要領（小学校については平成23年度から、中学校については平成24年度から全面実施）、平成21年3月に改訂された高等学校学習指導要領（平成25年度から全面実施）においては、社会科・公民科や家庭科等において、消費者教育や法教育、金融経済教育等の充実が図られたところである。今後は改訂された学習指導要領の趣旨が学校現場で着実に実施されるよう、教科書の充実、教材の開発、教員の研修、先進事例の開発・収集・発信等の施策を一層充実させ、若年者の一人一人が自らが本当に望む契約をするにはどうしたらよいかなどについて、自立した判断ができるよう教育の充実が図られることが期待される。

---

*24　法教育とは、「法律専門家ではない一般の人々が、法や司法制度、これらの基礎になっている価値を理解し、法的なものの考え方を身に付けるための教育を特に意味する」とされている（平成16年11月・法教育研究会報告書）。法教育の中身には様々なものが考えられるが、ここでは、消費者被害の拡大が問題となっていることから、契約に関する様々な教育（契約の意義、成立の要件、解消することができる場合とできない場合などの理解）を行う必要があるものと考えられる。

*25　部会においては、クーリングオフの制度や国民生活センターの役割等消費者保護制度の基本や悪徳商法の特徴、対策などを教える必要があるとの指摘がされた。

*26　金融庁金融経済教育懇談会第8回会合資料によれば、金融経済教育とは、「国民一人一人に、金融やその背景となる経済についての基礎知識と、日々の生活の中でこうした基礎知識に立脚しつつ自立した個人として判断し意思決定する能力（＝金融経済リテラシー）を身につけ、充実するための機会を提供すること」と定義されている。

(2) 若年者の自立を援助するための施策の充実について

　前記2(1)で検討したとおり、民法の成年年齢の引下げにより、自立に困難を抱える18歳、19歳の者がますます困窮したり、若年者のシニシズムが蔓延し、「成年」の有する意義が損なわれるおそれがあると考えられることから、若年者の自立を援助するための施策を充実させる必要があるものと考えられる。

　そして、若年者の自立を援助するための施策には様々なものが考えられ、その具体的内容は所管府省庁において詰められるべきものであるが、部会における調査審議の過程においては、前記第3の2の①から⑤までの各施策が必要であるとの意見が示された。

　この点について、平成20年12月、青少年育成に係る政府の基本理念及び中長期的な施策の方向性を示した新しい「青少年育成施策大綱」の策定が行われ、ニートやひきこもりなど自立に困難を抱える青少年を総合的に支援するための取組として、地域における支援ネットワークの整備や、情報を関係機関間で共有するための仕組の整備等についての検討を行うこと等が盛り込まれた。そして、本年7月1日、子ども・若者育成支援施策の総合的推進のための枠組み整備を行うことや、ニート等の社会生活を円滑に営む上での困難を抱える子ども・若者を支援するためのネットワーク整備を行うこと等を定めた子ども・若者育成支援推進法（平成21年法律第71号）が国会において成立した。青少年育成施策大綱等の内容を踏まえた、若年者の総合的な支援に向けた一層の取組が期待されるところである。

(3) 高校教育の生徒指導上の問題点の解決策

　前記2(2)のとおり、民法の成年年齢を18歳に引き下げると、高校3年生で成年（18歳）に達した生徒についての指導が困難になるおそれもある。

　この問題の解決策としては、高校入学時に、在学中の指導等は親権者を介して行う旨の約束をするなどの方策が考えられるが、学校における学習指導のみならず、学校外における行動や生活に関する指導までも行っている現在の学校教育の現状にかんがみると、

教師、生徒及びその親権者の意識改革はもちろんのこと、成年に達した生徒に対してどのような指導を行っていくかについてのルール作りも必要になるものと考えられる。

(4) 一般国民への周知徹底等

民法の成年年齢は、契約年齢及び親権の対象となる年齢を定めているとともに、民法以外の多数の法令において、各種行為の基準年齢とされており、その引下げは、国民生活に重大な影響を与えることになる。

現在、関係府省庁において、年齢条項の引下げについて検討が行われているところ、民法以外の法令の中には、民法の成年年齢と連動する方針のものと、そうでないものとが混在している。民法の成年年齢の引下げが行われる場合、何が変わることになるのか、国民生活にどのような影響を及ぼすのかなど、一般国民、特に大きな影響を受ける若年者にとって理解しやすい形で、周知徹底を図る必要がある。

4 民法の成年年齢を引き下げる時期

以上検討してきたとおり、民法の成年年齢の引下げを行う場合の問題点の解決に資する施策は、関係府省庁において検討され、実施に向けた取組が行われているところであり、その効果が十分に発揮され、若年者を中心とする国民に浸透していくことが近い将来期待されるものの、これらの施策はその性質上、直ちに効果が現れるというものではなく、その効果が実際に現れ、国民の間に浸透するのには、ある程度の期間を要するものと考えられる。

そうすると、現時点で直ちに民法の成年年齢の引下げの法整備を行うことは相当ではないと考えられ、民法の成年年齢の引下げの法整備を行う具体的時期は、関係府省庁が行う各施策の効果等の若年者を中心とする国民への浸透の程度を見極める必要がある。そして、上記各施策の効果等の若年者を中心とする国民への浸透の程度については、国民の意識を踏まえて判断をする必要があると考えられる。このように考えることは、世論調査において、契約年齢を18歳に引

き下げることに約8割の国民が反対をしている一方、一定の条件整備を行えば契約年齢の引下げに賛成という者が6割を超えるという結果[27]が出ていることとも整合的であり、一般国民の意識にも合致している。

そして、現在の20歳という民法の成年年齢は、法律の世界のみならず、社会の様々な局面において、一般国民の意識として、大人と子どもの範囲を画する基準となっていることに照らせば、国民の意識は、民法の成年年齢の引下げの法整備を実施するタイミングを決する上で、重要な要素というべきであり、それを最も適切に判断できるのは、国民の代表者からなる国会であるということができる。

以上によれば、現時点で直ちに民法の成年年齢の引下げを行うことは相当ではなく、民法の成年年齢引下げの法整備の具体的時期は、関係施策の効果等の若年者を中心とする国民への浸透の程度やこれについての国民の意識を踏まえた、国会での判断に委ねるのが相当である。

第5 その他の問題点
1 民法の成年年齢を引き下げる場合の成年に達する日

民法の成年年齢を引き下げる場合、いつをもって成年に達する日とすべきかについて、部会の調査審議において、満18歳になる日とする考え方（A案）、18歳に達した直後の3月の一定の日（例えば3月31日など）に一斉に成年とする考え方（B案）、満19歳になる日とする考え方（C案）が提示された。

そこで、いずれの案を採用すべきか議論を行ったところ、前記第2で検討したとおり、選挙年齢と民法の成年年齢は、特段の弊害のない限り一致させることが適当であると考えられることから、選挙年齢が国民投票年齢と一致するよう「満18歳以上」に引き下げられるとすれば、民法の成年年齢を引き下げた場合に生ずる問題点を解決し

---

[27] 平成20年7月、内閣府により、「民法の成年年齢に関する世論調査」が実施され、同年9月、その結果が公表された。内閣府のホームページに世論調査の調査票及び詳細な結果が掲載されている（URL：http://www8.cao.go.jp/survey/h20/h20-minpou/index.html）ので、参照されたい。

た上、民法の成年年齢も 18 歳に引き下げるのが適当であり、その場合、満 18 歳に達する日をもって成年とする A 案が相当であると考えられる。

したがって、民法の成年年齢の引下げを行う場合は、選挙年齢が国民投票年齢と同じく「満 18 歳以上」に引き下げられるのであれば、満 18 歳に達する日に成年とすべきである。

2 養子をとることができる年齢

現在の民法においては、養子をとることができる年齢（以下「養親年齢」という。）は、成年と定められており（民法第 792 条）、契約年齢、親権の対象となる年齢と一致している。

しかしながら、契約年齢と親権の対象となる年齢については、若年者自らが親の保護を離れて契約をしたり、その他の行動を行うのに適した年齢を定めているのに対し、養親年齢は、他人の子を法律上自己の子とし、これを育てるのに適した年齢を定めており、必ずしも両者を一致させる必要はない。諸外国の立法例をみても、私法上の成年年齢（契約を一人ですることができる年齢）より上に養親年齢を設定している国も多くみられる[*28]。

そこで、民法の成年年齢を引き下げる場合、養親年齢についても引き下げるべきか（甲案）、現状のままとすべきか（乙案）、それとも現状より引き上げるべきか（丙案）について議論を行ったところ、養子をとるということは、他人の子を法律上自己の子として育てるという相当な責任を伴うことであり、民法の成年年齢を引き下げたとしても、養親年齢は引き下げるべきではなく、また、20 歳で養子をとることができるという現状で特段不都合は生じていないことからすると、現状維持（20 歳）とすべきである（乙案）という結論に達した[*29]。

したがって、民法の成年年齢を引き下げる場合でも、養親年齢につ

[*28] イギリスでは成年年齢を 18 歳、養親年齢を 21 歳と、ドイツ、スペインでは成年年齢を 18 歳、養親年齢を 25 歳、フランスでは成年年齢を 18 歳、養親年齢を 28 歳と設定している。

[*29] なお、養親年齢については、養子制度全体を見直す機会があれば、その際に改めて検討をすべきであるとの意見も出された。

いては、現状維持（20歳）とすべきである。

3　婚姻適齢

現在の民法においては、婚姻適齢は男子は18歳、女子は16歳とされており、未成年者は父母の同意を得て婚姻をすることができるとされている（民法第731条、第737条）。

民法の成年年齢を18歳に引き下げた場合、男子は成年にならなければ婚姻することができないのに対し、女子は未成年（16歳、17歳）でも親の同意を得れば婚姻をすることができることになる。

そこで、民法の成年年齢を18歳に引き下げた場合、婚姻適齢について、現状のまま（男子18歳、女子16歳）とするか（X案）、男女とも18歳にそろえるか（Y案）、男女とも16歳にそろえるか（Z案）について議論を行ったところ、婚姻適齢については、以前、法制審議会において検討を行い、男女とも婚姻適齢を18歳とすべきであるという答申を出しており[30]、これを変更すべき特段の事情は存しないことから、男女とも18歳にそろえるべきである（Y案）という結論に達した。

したがって、民法の成年年齢を引き下げる場合には、婚姻適齢については男女とも18歳とすべきである。

第6　結論

民法の成年年齢を18歳に引き下げることは、18歳に達した者が、自ら就労して得た金銭などを、法律上も自らの判断で費消することができるなど社会・経済的に独立の主体として位置づけられることを意味する。国民投票年齢が18歳と定められたことに伴い、選挙年齢が18歳に引き下げられることになるのであれば、18歳、19歳の者が政治に参加しているという意識を責任感をもって実感できるようにするためにも、取引の場面など私法の領域においても自己の判断と責任において自立した活動をすることができるよう、民法の成年年齢を18歳に引き下げるのが適当である。このようにして、18歳以

---

[30] 平成8年2月26日法制審議会総会決定（民法の一部を改正する法律案要綱）

上の者を、政治面のみならず、経済活動の場面においても一人前の「大人」として処遇することは、若年者が将来の国づくりの中心であるという国としての強い決意を示すことにつながり、若年者及び社会にとって大きな活力をもたらすことが期待される。

　とはいえ、現代の若年者は「大人」としての自覚に欠けているという指摘があり、民法の成年年齢を18歳に引き下げれば自然にこのような問題が克服されるとは考えられない。また、民法の成年年齢を引き下げると、消費者被害の拡大など様々な問題が生ずるおそれもある。したがって、民法の成年年齢の引下げの法整備を行うには、若年者の自立を促すような施策や消費者被害の拡大のおそれ等の問題点の解決に資する施策が実現されることが必要である。現在、関係府省庁においてこれらの施策の実現に向け、鋭意取組が進められているが、民法の成年年齢の引下げの法整備は、これらの施策の効果が十分に発揮され、それが国民の意識として現れた段階において、速やかに行うのが相当である。

　そして、国民の意識を最も適切に判断できるのは、国民の代表者からなる国会であるということができるので、民法の成年年齢の引下げの法整備を行うべき具体的時期については、これらの施策の効果等の若年者を中心とする国民への浸透の程度やそれについての国民の意識を踏まえた、国会の判断にゆだねるのが相当である。

〔参考資料1〕 ヒアリングの結果について

1　ヒアリングの概要

　部会では、以下のとおり、平成20年4月から同年9月までの間、6回にわたり、教育関係者、消費者関係者、労働関係者、若年者の研究をしている社会学者・発達心理学者・精神科医師、親権問題の関係者等から、民法の成年年齢を引き下げた場合の問題点の有無及びその内容、引下げの是非等に関する意見を聴取した。

　ヒアリングの結果、成年年齢の引下げの是非に関する意見は、賛否両論に分かれたが（後記3、4を参照）、現在の若年者は様々な問題を抱えており（後記2を参照）、成年年齢を引き下げるためには、一定の環境整備をする必要がある（後記5を参照）との点では、ほぼ認識を共通にしていた。

（ヒアリングの内容）
　(1)　第2回部会（平成20年4月15日）　教育編
　　　商業高校及び普通高校の学校長、教育学者
　(2)　第3回部会（同年5月13日）　消費者編
　　　国民生活センターの理事、日本弁護士連合会消費者問題対策委員会及び子どもの権利委員会に所属する弁護士
　(3)　第4回部会（同年6月3日）　雇用・労働編
　　　労働政策の研究者、企業の法務担当者、労働組合の執行委員
　(4)　第5回部会（同年7月1日）　その他1
　　　発達心理学者、社会学者、精神科医師
　(5)　第6回部会（同年7月22日）　その他2
　　　発達心理学者、教育実務家、認知神経科学者
　(6)　第7回部会（同年9月9日）　親権編
　　　児童養護施設の長、日本弁護士連合会家事法制委員会に所属する弁護士、民法学者

2　若年者が抱える問題点について

　ヒアリングでは、現在の若年者は、以下のような問題点を抱えてい

るという指摘があった。

（全体的な特徴）
- 自主自律的に行動することができず、指示待ちの姿勢をとる若年者が多い。
- 服装の乱れ、公共交通機関における乗車マナーの悪化、万引き等の増加などに表れているように、規範意識が低下している。
- 感情を抑制する力や、根気強さが不足している。
- 身体的には、早熟傾向があるにもかかわらず、精神的・社会的自立が遅れる傾向にある。これは、幼少期からの様々な直接体験の機会や異年齢者との交流の場が乏しくなったこと、豊かで成熟した社会のもとで人々の価値観や生き方が多様化したことが理由であると考えられる。
- ゲームや携帯電話の影響により、人間関係をうまく築くことができない若者や、バブル崩壊の影響で、自分の人生に夢を見ることができないなど将来に希望を持つことができない若年者が増加している。
- いわゆるモラトリアム傾向が強くなり、進学も就職もしようとしない若年者や、進路意識や目的意識が希薄なままとりあえず進学をするなどの若年者が増加している。
- ニート、フリーター、ひきこもり、不登校など、若者の非社会化（社会や他人に無関心な状態）が進みつつある。
- リストカットや自傷行為など心の病を持つ若年者が増加している。

（消費者関係の問題）
- 若年者に関する消費者関係事件の相談としては、パソコン及び携帯電話の購入に関するもの並びにキャッチセールスに関するものなどが多く、「無料」、「格安」、「儲かる」などの言葉を安易に信じ、騙されやすい。
- アルバイトをするなどして稼いだお金を、本来は貯蓄をするなど計画的に管理をしなければならないのに、外食や遊興費などに費やしてしまうなど、財産管理能力が低い。

（労働関係の問題）
- 従前は高校などを通じて若年者にも適切な職業紹介が行われ、正社員として就職しキャリア形成が行われてきたが、近年、若年者がパートやアルバイトなど非正規雇用に就く機会が増加している。非正社員と正社員の待遇格差は、年齢上昇とともに拡大し、10代で非正社員になることはキャリア形成上大きなリスクがある。また、非正規雇用は、学校斡旋の仕組みとは異なり、応募内容と実際の労働内容が異なっていたり、劣悪な労働条件が隠されていたりする危険性が高い。

（親権関係の問題）
- 高度経済成長の結果、核家族化が進行し、子育ての負担が父母のみにかかるようになったことなどから、両親から虐待を受ける子が増加している（なお、虐待を受けた子を保護する児童養護施設等は、大人数を収容する施設が多く、また、ほぼ満床状態であり、個別的な援助を十分にすることができない。）。
- 親から虐待を受けた結果、自分を大切な存在であると思えなくなり、自傷他害などの問題行動や、他者とのコミュニケーションに問題を抱え、社会的自立が困難な若年者が増加している。

3　引下げに賛成の意見の概要
- 高校3年生で成人を迎えるとすることによって、高校教育の場で、成人の意味や大人になるための教育を、現実味をもって指導することが可能になる。
- 高学歴化が進む中、大人への移行期が長期化しているが、だからこそ成年年齢を引き下げ、若年者が早期に社会の一人前の構成員になるという意識付けを行うべきである。
- 従前の我が国の若者政策は雇用対策が中心で、若年者の自立を促すためにはどうしたらよいのかという視点が希薄であり、若年者が経済的、社会的、職業的に自立を果たせるよう若者に関する施策を充実させる必要がある。成年年齢の引下げを、日本の若者政策の転換の契機とすべきである。
- 両親が離婚した場合、その子の親権の帰属をめぐって争いがし

ばしば生ずるが、このような争いから18歳、19歳の子が解放されることになる。
- 親からの虐待を受けている18歳、19歳の子が親権から解放され、自由に居所等を定めることができる（なお、児童虐待の対象は低年齢児であり、成年年齢の引下げによって得られる効果は小さいとの指摘もあった。）。

4 引下げに反対の意見の概要
- 現在の消費者トラブルの状況（国民生活センター等に寄せられる相談件数は20歳になると急増する。また、20歳になった誕生日の翌日を狙う悪質な業者も存在する。）からすると、民法第5条（未成年者取消権）が、悪質な業者に対する抑止力になっていると考えられるが、成年年齢を18歳に引き下げると、消費者トラブルが若年化するおそれがある。
- 若年者の消費者被害の特徴として、被害が学校などで連鎖して広がるという特徴が挙げられるが、成年年齢を18歳に引き下げると、マルチ商法などが高校内で広まる危険性がある。
- 消費者被害が生じないような環境ができれば、成年年齢の引下げも可能ではあるが、悪質な業者は、法の規制の間隙を狙うはずであり、そのような環境整備が実際にできるか疑問である。
- 成年年齢を引き下げると、高校生でも契約をすることができるようになり、借金をしたり、借金を返すために劣悪な労働に従事する若者が出てくるおそれがある。
- 現在でも親の保護を十分に受けられていない層の若者が、益々保護を受けられず、困窮するおそれがある。
- 精神医学の世界では、若者が成熟する年齢は、30歳であるとか、35歳から40歳くらいであるという意見があり、法律上の成年年齢を引き下げると、法律上の成年年齢と実際上の成熟年齢が現在よりも乖離することになり、若者のシニシズム（成年年齢に達したとしても、どうせ子どもだし、自立できないという意識）が進む可能性がある。
- 精神医学的には、成熟度を「コミュニケーション能力（会話能力

のみならず、相手の感情を読みとったり、それに応じて行動できる能力)」と「欲求不満耐性（欲求や欲望の実現を待てる能力)」により測ることができ、両者がバランスよく取れていることが大切であるが、日本の若者は、引きこもりなど非社会化の傾向が進んでいることを考えると、「欲求不満耐性」は強いが、「コミュニケーション能力」を欠く若者が多いと思われる。このような若者に対しては、成年年齢の引下げをして、自己責任を強調することは、若者たちを追い込むことになり、突発的に凶悪犯罪を敢行するなどの暴発を起こす危険性がある。
- 近年の研究によると、脳に機能的な障害があり、数に対するセンスが欠けている算数障害（明らかに経済的に破綻すると分かっていながら、闇金融から借金を繰り返すなど欲望をコントロールできない）や注意欠陥障害（ある物事に注意が集中してしまうと、他の物事に気づかない）など発達障害を抱えている者が6％から10％ほど存在することが分かったが、発達障害者に対する理解や社会の対策が不十分なままで成年年齢の引下げをすると、発達障害者の生きづらさが激化し、キレたり、凶悪犯罪を敢行したりする若者が増える危険性がある。
- 成年年齢の引下げに必要となる教育の充実は、授業時間数の制約から困難であり、若者の自立を促すための政策も後回しなる可能性が強い。
- 離婚後の養育費の支払期間は20歳までとするのが一般的であるところ、成年年齢の引下げに伴い、養育費の支払期間も18歳までに短縮されるおそれがあり、その結果、子の大学進学機会が狭められたり、経済的に困窮する家庭のもとで子が虐待を受けることが増加するおそれがある。

5　必要となる環境整備についての提言

- 経済活動の基本である民法や商法の基本や、電子契約のシステム、ルールなどに関する教育の充実
- 若年者が消費者トラブルに巻き込まれないように、お金や契約の問題に関する教育の充実

- インターンシップ等の労働実践教育や、仕事の探し方、さらには労働の意義（働くことの尊さ、喜び等）などに関する労働教育、成人教育（いわゆるキャリア教育）の充実
- 多様な価値観や文化で構成される現代社会において、個人が自己を守り、自己実現を図るとともに、よりよい社会の実現のために寄与することができるよう、社会の仕組みを学び、また、社会における自己の権利や義務などを学ぶことができる教育（いわゆるシティズンシップ教育）の導入、充実
- 若者の「自立」に関する世間・親の意識改革（通常のレールに乗れなかったニート、ひきこもり等の人々に対して周囲が寛容になること等）
- （虐待を受ける子や、虐待を受けた結果社会的自立が困難となった者を減らす必要があることから）児童福祉施設の人的、物的資源の充実、子育てを社会が支え合って行うという仕組みの充実

6　その他の意見

- 高校生が18歳になるとともに順に成人になるというのでは、高校における指導・教育に支障をきたすおそれがあるので、高校卒業時から4月1日までの間の適切な日をもって、一斉に成人になるものとするか、あるいは、19歳を成人とすべきである。
- 欧米諸国で成年年齢が引き下げられた主な理由として、日本には存在しない徴兵制が影響していることや、成年年齢が引き下げられた1960年代、70年代は、児童虐待が深刻化する前であったことも考慮する必要がある。
- 選挙年齢を引き下げることは、若年者に選挙権を付与するだけであるが、民法の成年年齢の引下げは、18歳、19歳の若年者に契約を一人ですることができる権利等を付与する一方、親の同意を得ないでした契約が取り消せなくなるなど保護の切下げにもつながる。したがって、選挙年齢の引下げと民法の成年年齢の引下げは、切り離して議論すべきである。

〔参考資料2〕 高校生等との意見交換会の結果について

1 概要

　平成20年5月から7月までの間、3回にわたり、部会のメンバーが、高校、大学に赴き、高校生、大学生（留学生を含む。）との間で、成年年齢の引下げについて意見交換を行った。
　これは、成年年齢の引下げを検討するに当たり、成年年齢の引下げによって一番影響を受けることになる18歳、19歳前後の若者の率直な意見を聞きたいという意見が部会で出されたことから実施されたものである。この意見交換会は、ある特定の高校及び大学の生徒・学生と意見交換を実施したものであり、必ずしも若者全体の意見を集約したものではないが、その中でもなるべく幅広い意見を聴取できるよう、高校における意見交換会については、普通高校のみならず商業高校も対象に含め、また、大学における意見交換会については、特定の学部及び出身国に偏らないよう配慮しつつ、日本人学生及び外国人留学生との意見交換会を実施した。
　なお、本意見交換会は、対象者が高校生や大学生であり、議事を記録すると自由な発言が阻害されるおそれが高いことや、意見交換会の目的が若者の意見を集約することにはなく逐語の議事録を残す必要がないことなどから、議事録の作成はしないこととし、その代わりに、意見交換会に出席した部会の委員、幹事から、部会において、その結果、感想等の報告を受けた。
　それぞれの意見交換会における結果、感想等の概要は、以下のとおりである。

2 商業高校における意見交換会について
（日　時）
　　平成20年5月30日（金）午後3時30分～午後4時30分
（参加者）
　　部会の委員・幹事・関係官　10名
　　高校生　15名（16歳から18歳の高校2年生、高校3年生）

（高校生の意見の概要等）

部会の委員・幹事・関係官は3、4名を、高校生は5名を1組として、3組に分かれて意見交換を実施した。意見交換会の結果、感想等の報告の概要は、以下のとおりである。

- 成年年齢の引下げの議論は、大半の高校生が知らなかった。
- 成年年齢の引下げについては、まだ高校生なのに急に大人といわれても困る、社会のことをもっと学んだ上でないと成人という自覚は生じないなどと、多くの高校生が反対であった。

  もっとも、すぐに自分が大人になることについては、不安があるが、数年前（自分が高校に入る前後）から18歳で成人であると言われていれば、心の準備はできると思う、18歳で成人となっても対応できるし、自覚も持てるので賛成であるという意見もあった。
- どのような節目で大人になると感じるかについては、大学を出て就職したとき、給料を得て生活をまかなえるようになったとき、他者の迷惑にならないよう仕事ができるようになったときなどの意見があった。
- 大人になることについては、大変そう、夢が持てないなど否定的なイメージを持っているが、身近な大人である親や学校の先生などについては好意的な印象を抱いている高校生が多かった。これから入っていかなければならない「社会」に対して、不安を抱いていたり、夢が持てないのではないかと考えられる。
- 契約については、成年年齢が下がると高校3年生でも契約をすることができるようになるが、マルチ商法に巻き込まれたりするのではないかという不安があるという意見があった一方、20歳でも騙される人は騙されるし、18歳でも賢い人はいるのであって、成年年齢の引下げにはあまり関係がないのではないかという意見もあった。
- アルバイトをしている高校生も多く、中には月に8万円も稼いでいる生徒もいたが、アルバイトをしていることは、必ずしも自立をしていることにはつながらないという意見があった。なお、アルバイトをして稼いだお金については、親の同意なく使っ

ているのが現実であり、法律上も親の同意なく使えるようにしたらどうかという意見があった。
- 高校を卒業したら一人暮らしをしたいという高校生はほとんどいなかった。高校生の多くが、豊かな家庭の中で、居心地がよいと感じており、その関係の中から出て行くことに不安があるのではないかと思われる。
- 選挙については、選挙権が与えられれば投票に行くと思うという意見が多かった。民法の成年年齢の引下げについては、経済的な自立をしなければいけないということで高校生の多くは強い不安を抱いているようだが、選挙年齢の引下げについては、特段不利益を受ける話ではないので受け入れやすいのかもしれない。

3　普通高校における意見交換会について

（日　時）
　平成20年6月2日（月）午後3時40分～午後4時40分
（参加者）
　部会の委員・幹事・関係官　7名
　高校生　17名（17歳から18歳の高校3年生）
（高校生の意見の概要等）
　部会の委員・幹事・関係官は2、3名を、高校生は5、6名を1組として、3組に分かれて意見交換を実施した。意見交換会の結果、感想等の報告の概要は、以下のとおりである。
- 成年年齢の引下げの議論については、大半の高校生が知らなかった。
- 成年年齢の引下げについては、社会を知らないので18歳で急に大人だと言われても困る、同じ高校生に成年者と未成年者が混じるのはよくないのではないか、受験の最中に成人式を行うのは困るなど、多くの高校生が反対であった。また、日本は戦争をしない国で徴兵制もないのであるから、そのあかしとして、成年年齢は20歳のままでよいのではないかとの意見もあった。
　一方、悪い人に騙されないように勉強するなどの十分な準備

期間があれば 18 歳でもよい、制度を変える場合には、分かりやすい制度にしてほしいという意見もあった。
- 何歳ぐらいで大人になると思うかという質問に対しては、大学を卒業した時、親から自立して仕送りするようになった時などの意見があった。
- 契約に関しては、携帯電話を購入するなど簡単なものであればよいが、土地取引など難しいものについては、18 歳は無理ではないかとの意見が出された。また、現実問題として、小遣いの範囲内であれば親に相談せず洋服などを購入しているが、高額な商品を購入する場合は親と相談しないとできない、契約は親にしてもらっているので自分でする必要性を感じないとの意見が出された。
- アルバイトをしている高校生も多く、稼いだお金は洋服の購入や飲食に使っている者が多かったが、なかには進学後の学資を貯めている者もいた。
- 結婚については、法律上 18 歳で親の同意なく結婚できるようになったとしても、18 歳では家庭を養っていけないし、そもそも親から祝福されないで結婚しても嬉しくない、むしろ婚姻適齢に男女差があることを是正するべきではないかとの意見があった。
- 政治については、選挙年齢が 18 歳になったら必ず投票するという意見もあった一方で、よく分からないので棄権すると思う、人気投票になってしまう危険性がないかとの意見もあった。

4 大学における留学生との意見交換会について

（日　時）
　平成 20 年 7 月 3 日（木）午後 3 時～午後 4 時
（参加者）
　部会の委員・幹事・関係官　10 名
　留学生 13 名（20 歳から 25 歳。出身国は、アメリカ、ブラジル、中国、カナダ、韓国、イタリア、フランス、ブルネイ、ウガンダ）

（留学生の意見の概要等）

　部会の委員・幹事・関係官は3、4名を、留学生は4、5名を1組として、3組に分かれて意見交換を実施した。意見交換会の結果、感想等の報告の概要は、以下のとおりである。

- 大人のイメージについては、何でも自分で決められる、自由である、大人に早くなりたかったと肯定的なイメージを抱いている留学生が多かったが、大人になると自分で働いて稼がなければならないのでなりたいとは思わなかったと否定的なイメージを抱いている留学生もいた。
- 日本人学生のイメージとしては、同世代と比較して大人に見えるという意見もあったが、日本ではいい大学に入れば就職することが難しくないため、やりたいことがはっきりせず、自立心が足りない学生が多いという意見もあった。
- 日本において成年年齢を引き下げることについては、大半の留学生が問題がないという意見であったが、成年になる前にいろいろチャレンジして失敗しても許される期間を保障するという意味で、引き下げることには反対であるという意見もあった。
- 選挙年齢については、18歳が妥当であると思うが、選挙年齢と成年年齢は必ずしも一致する必要はないのではないかという意見もあった。

5　大学における日本人大学生との意見交換会について

（日　時）

　平成20年7月3日（木）午後4時30分～午後5時30分

（参加者）

　部会の委員・幹事・関係官　10名

　日本人大学生　17名（18歳から21歳まで）

（大学生の意見の概要等）

　部会の委員・幹事・関係官は3、4名を、大学生は5、6名を1組として、3組に分かれて意見交換を実施した。意見交換会の結果、感想等の報告の概要は、以下のとおりである。

- 成年年齢の引下げの議論については、大半の学生が知ってい

た。
- 成年年齢の引下げについては、どちらかといえば反対の学生が多く、高校を卒業しただけでは社会も知らないので成年といわれても無理である、高校では大学受験のための教育しか行われておらず高校教育だけでは判断能力を身に付けられないという意見があった。一方、引下げによって判断力や自立心が醸成される、18歳にしてもそれほど問題は起こらないのではないかとして、引下げに賛成する者もいた。

  なお、賛成、反対いずれの立場の者も、成年年齢を引き下げるためには、契約に関する教育や責任感を醸成するための教育など教育を充実させる必要があるとの点では、共通していた。ただし、現状の高校教育は受験一辺倒であり、そのような教育を行う余裕があるのか疑問であるという意見もあった。
- 大人になるということについては、自分の稼いだお金で自分で生活できることである、何でも自分で決定できることである、自分の行動について自分で責任をとることができることであるという意見があった。
- 将来の就職については、明確な希望を持っている学生もいたが、やりがいがあってお金がもうかる仕事に就きたい、有名企業で収入が多いところに就職したいなどと漠然とした回答をする学生も多かった。
- 大半の学生がアルバイトをしていたが、アルバイト代は、趣味や遊興費に費消するという学生も多かった。
- 選挙年齢については、成年年齢と一致させた方が明確で分かりやすいという意見があった一方、年齢条項をどうするかは事柄ごとに考えればよく、必ずしも一致させる必要はないのではないかという意見もあった。
- 諸外国の流れは、成年年齢を18歳にするということかもしれないが、日本は文化も価値観も違うので、必ずしも従う必要はないのではないかという意見もあった。
- 大学生との意見交換会には、18歳から21歳の学生が参加したが、成熟度にばらつきがあると感じられ、これは年齢による差と

いうよりも、それまでの生活体験の内容や、異文化体験の有無などが影響しているのではないかと思われる。
- 　高校生との意見交換会では、大人に対して否定的なイメージをもっている生徒が多かったが、大学生との意見交換会では、自分の意見で何事も決定できるので楽しみであるなどと肯定的な意見を述べた学生も多かった。

●事項索引

◆ あ行

遺言……………………………35
遺言執行者……………………33
飲酒………………………77, 81, 83
オートレース…………………81, 83

◆ か行

学習指導要領……………………10, 37
環境整備………………7, 14, 15, 17, 19, 36, 43
帰化………………76, 79, 80, 84, 85, 91
喫煙………………………77, 81, 83
金融経済教育……………………10, 37
経過措置………………68, 73, 74, 88, 94, 95
競馬………………………………81, 83
競輪………………………………81, 83
憲法改正国民投票………………3, 9, 12
行為能力……………………32, 35, 85
公営競技…………………………83
後見人……………………………33
高校等進学率……………………10
公職選挙法………………3, 4, 5, 9, 12
国籍の選択……………………84, 85, 89
国籍法……………76, 80, 84, 85, 88, 96
国民投票法………………………5
国民年金…………………………81
子供・若者育成支援推進大綱……40
子ども・若者育成支援推進法……40
子ども・若者支援地域協議会……41
子ども・若者総合相談センター
…………………………41, 42
子ども・若者ビジョン……………40
子の監護に要する費用……………45
婚姻開始年齢
…………………1, 8, 48, 49, 53, 55, 57, 58
婚姻準正……………………55, 56
婚姻費用…………………………45

◆ さ行

自己決定権………………………10
児童自立生活援助事業……………82
児童の権利委員会………………49
若年者の自立を促すような施策
…………………………4, 7, 15
若年者への消費者教育の推進に関する
アクションプログラム……………37
若年者への消費者教育の推進に関する
4省庁関係局長連絡会議…………37
自由権規約委員会………………49
消費者教育………………10, 15, 37, 38, 43
消費者教育コーディネーター……38
消費者教育推進計画………………37
消費者教育推進地域協議会………37
消費者教育の推進に関する基本的な方
針……………………………37
消費者契約法……………………15
消費者契約法専門調査会…………38
消費者被害
……………4, 7, 15, 18, 36, 37, 43, 66
消費者被害の拡大を防止する施策
…………………………4, 7, 15
消費生活センター………………39
女子差別撤廃委員会………………49
親権
…1, 7, 12, 15, 23, 24, 31, 32, 56, 62, 95
スクールカウンセラー……………42
スクールソーシャルワーカー……42
成人式………………………43, 97
成年擬制……………58, 62, 69, 74
成年年齢引下げ対応検討ワーキング・
グループ……………………38
成年年齢引下げを見据えた環境整備に
関する関係府省庁連絡会議
…………………………14, 43, 44, 98

性別の取扱いの変更の審判
　　　……………………77, 79, 80, 92, 94
施行……………………………………70
施行日……………………66, 68, 69, 71, 72
選挙権年齢………………3, 4, 5, 6, 9, 10, 12

　　　　　◆　た行

地域若者サポートステーション
　　　………………………………40, 42
嫡出子…………………………………56
嫡出でない子…………………………56
特別児童扶養手当……………………82
特別養子縁組……………………35, 64

　　　　　◆　な行

日本国憲法の改正手続に関する法律
　　　……………………………………3, 12

　　　　　◆　は行

罰則……………………………………95
パブリックコメント手続………5, 20, 66
ひきこもり地域支援センター……40, 41
扶養義務………………………………45
分籍……………………………………80
法教育……………………………10, 37

法制審議会総会………………49, 73
法制審議会民法成年年齢部会
　　　………6, 11, 13, 17, 20, 29, 36, 49, 60
法制審議会民法部会身分法小委員会
　　　………………………………55, 56
法定代理人………1, 24, 25, 31, 32, 36, 95
法律行為………………………1, 24, 60

　　　　　◆　ま行

未成年者取消権………7, 15, 18, 36, 71, 72
民法成年年齢部会………………………3
民法の成年年齢の引下げについての意
　見………………………………4, 6, 7, 8
民法の成年年齢の引下げについての最
　終報告書………4, 6, 7, 8, 11, 13, 36, 49
モーターボート競走……………81, 83

　　　　　◆　や行

養育費………………………16, 20, 45, 46, 47
養子縁組………………1, 8, 60, 62, 63, 74
養親年齢………………1, 8, 60, 61, 64, 81

　　　　　◆　わ行

わかものハローワーク……………40, 41

一問一答 成年年齢引下げ

2019年1月20日　初版第1刷発行

編著者	笹　井　朋　昭
	木　村　太　郎

発 行 者　　小　宮　慶　太

発 行 所　　株式会社　商 事 法 務
〒103-0025　東京都中央区日本橋茅場町3-9-10
TEL 03-5614-5643・FAX 03-3664-8844〔営業部〕
TEL 03-5614-5649〔書籍出版部〕
http://www.shojihomu.co.jp/

落丁・乱丁本はお取り替えいたします。　　印刷／三報社印刷㈱
© 2019 Tomoaki Sasai, Taro Kimura　　Printed in Japan
　　　　　　　　Shojihomu Co., Ltd.
ISBN978-4-7857-2691-1
＊定価はカバーに表示してあります。

[JCOPY] ＜出版者著作権管理機構　委託出版物＞
本書の無断複製は著作権法上での例外を除き禁じられています。
複製される場合は、そのつど事前に、出版者著作権管理機構
（電話 03-5244-5088、FAX 03-5244-5089、e-mail：info@jcopy.or.jp）
の許諾を得てください。